JN149546

FRYING PAN
RISOTTO

フライパンリゾット

若山曜子

はじめに

先日、フランスでタクシーの運転手さんに質問をされました。
「日本人って、お米を食べる時は、パンは食べないって本当？」と。
笑いながら「本当よ！」と答え、思ったのです。
そう、お米は、日本人にとってちょっと特別な存在。主食です。

留学中、おいしいパン屋さんがたくさんあるのに、
疲れて帰宅した私が、家で食べていたのは、やっぱりお米でした。
小さな鍋で白米を炊いていたけれど、
浸水している間も待てないほどお腹がすいている時は、
フライパンで冷蔵庫に残っている野菜と一緒に炒めてお水を入れ、
あればチーズやハムのかけらを入れて、しばらくクツクツ。
「ああ、お腹いっぱい」と、食べ終えた時の心地よい満足感といったら！
アルデンテ、なんて考えてもいなかったので、
イタリア人には怒られてしまうかもしれないけれど、
この"リゾットもどき"は、当時の私の定番料理でした。

今でもわが家では、夫が早く帰ってきて、
何も用意ができていない時にリゾットが登場します。
パスタだと、パスタとソース、2つの鍋を使うけれど、
リゾットなら、フライパンひとつでできるのもポイント。
野菜をたっぷり入れれば、お茶碗1杯分の白米より少ない量で満足できるし、
お米を炊くよりも早く、華やかな見ためで登場してくれる優秀メニューなのです。

タクシーの運転手さんの質問からもわかるように、
欧米では、お米は、どちらかというと野菜のひとつ。
そう思うと、もっとカジュアルに、いろいろな食べ方が楽しめると思います。
うまみをたっぷりと吸収し、どんな材料ともしっくりなじみ、胃にすとんと落ち着く。
リゾットは、お米の持つやさしい魅力を、存分に生かした料理なのです。

若山曜子

Contents
Frying pan Risotto

6 基本のリゾットを作りましょう！
8 おいしいトッピング
 （チーズいろいろ／スパイシーナッツ／フライドオニオン＆ハーブ）
8 スープについて／チーズと塩について／フライパンについて

【この本での約束ごと】●1カップは200㎖、1合は180㎖、大さじ1は15㎖、小さじ1は5㎖です。●「ひとつまみ」とは、親指、人さし指、中指の3本で軽くつまんだ量のことです。●オリーブ油はエキストラ・バージン・オリーブオイル、塩は「ゲランドの塩」、黒こしょうは粗びき黒こしょうを使っています。●オーブンは、あらかじめ設定温度に温めておきます。焼き時間は、熱源や機種などによって多少差があります。レシピの時間を目安に、様子を見ながら加減してください。●ガスオーブンを使う場合は、レシピの温度を10℃ほど低くしてください。

Chapter.1　Simple Risotto 【シンプルリゾット】

10　卵とチーズのリゾット
11　レモンバターのリゾット
12　しらすと青のりのリゾット
　　　Side dish 厚揚げグリルのサラダ
13　豆腐と豆乳のリゾット
14　たらことレモンのリゾット
15　きのこのリゾット
　　　Side dish 豚肉ソテーとりんごのマリネ
20　カルボナーラ風リゾット
21　にらの中華風リゾット
22　とうもろこしと黒こしょうのリゾット
23　ベーコン、長ねぎ、押し麦のリゾット

Chapter.2　Vegetable Risotto 【野菜のリゾット】

28　カリフラワーときのこのリゾット
29　かぼちゃとブルーチーズのリゾット
30　じゃがいもと
　　　セージバターのリゾット
31　アスパラとレモンのリゾット
31　ズッキーニとバジルのリゾット
32　そら豆とパルミジャーノのリゾット
33　ビーツとクリームチーズのリゾット
38　里いもとブルーチーズのリゾット
　　　Side dish フリッタータのルッコラのせ
40　ほうれんそうとリコッタチーズのリゾット
　　　Side dish チキンのバルサミコソテー
42　レンズ豆のココナッツカレー風リゾット
　　　Side dish 豆腐とアボカドの春巻き
44　栗のリゾット

Chapter.3 Meat Risotto 【肉のリゾット】

46	ソーセージとトマトのリゾット	50	豚肉、さつまいも、ローズマリーのリゾット
47	鶏肉とかぶのリゾット	51	生ハムとキャベツのリゾット
48	豚バラ、切り干し大根、香菜（シャンツァイ）のリゾット	56	鶏肉、マッシュルーム、赤ワインのリゾット Side dish　ほたてと野菜のフリット
49	鶏肉、にんじん、クミンのリゾット	58	牛ひきとピーマンのカレーリゾット

Chapter.4 Fish & Seafood Risotto 【魚のリゾット】

60	ツナ、オリーブ、ケッパーのトマトリゾット	64	スモークサーモンのヨーグルトリゾット
61	えびとレモンのリゾット	65	さわらと白みそのリゾット
62	あさりとプチトマトのリゾット	70	鯛とアイオリソースのリゾット Side dish　オレンジとセロリのサラダ
63	ほたてとアスパラのリゾット	72	かきと万能ねぎのリゾット Side dish　カリフラワーのオーブン焼き
63	いかとルッコラのリゾット	74	かにとクレソンのリゾット

Chapter.5 Special Risotto 【ごちそうリゾット】

76	グリーン野菜のリゾット	80	なすとトマトのピザ風リゾット
77	鶏肉と白いんげん豆のリゾット	81	パエリア風リゾット
78	豚肉とあさりのリゾット	86	牛すね肉のミラノ風リゾット Side dish　アボカドとトマトのヨーグルトあえ
79	夏野菜とドライトマトのリゾット		

Basic Risotto

基本のリゾットを作りましょう!

お米をアルデンテ（中心に芯が残る状態）に煮るのがコツです。
米は洗わずに炒め、油でコーティングして煮くずれないように。
スープを加えたら混ぜないで煮て、粘りが出ないようにします。
ふたをせずに中火で一気に煮れば、15分ほどででき上がり。
玉ねぎ、にんにく、チーズの香りが広がる、シンプルな味わいです。

how to cook

材料（2〜3人分）

米 … 1合（180ml）
玉ねぎ（みじん切り）… ¼個
にんにく（みじん切り）… 1かけ
パルメザンチーズ（すりおろす）… 30g
白ワイン … ¼カップ
スープ（固形スープの素½個＋湯）… 3カップ＊

ローリエ … 1枚（またはパセリの茎2〜3本、
　セロリの葉1〜2枚など）
塩 … 小さじ⅓
オリーブ油 … 大さじ1
黒こしょう … 少々
＊8ページ「スープについて」参照

1 米を炒める

フライパンにオリーブ油、玉ねぎ、にんにくを入れて中火にかけ、木ベラで混ぜながら玉ねぎが透き通るまで炒める。

米を洗わずに加え、中火で油が回るまでさっと炒め、塩を加えてざっと混ぜる。

2 白ワインを加える

ローリエ、パセリの茎などを加え、白ワインを加えて煮立たせる。
＊汁けがなくなればOK

3 スープを加えて煮る

スープ2カップを加えてひと混ぜし、

中火で沸騰している状態をキープしながら、ふたはしないで混ぜずに煮る。
＊粘りが出るので、混ぜないのがコツ

10分ほどして汁けがなくなったら、残りのスープを加えてひと混ぜし、中火で沸騰している状態をキープしながら混ぜずに煮る。

5〜10分ほど煮て汁けがなくなり、米粒ひとつひとつが見えるようになったらでき上がり。
＊食べてみて米がかたいようなら、水¼カップを足してひと混ぜし、さらに煮る

4 チーズを混ぜる

チーズを加えて全体に混ぜ、味をみて塩（分量外）で調える。器に盛り、黒こしょうをふる。
＊チーズによって塩けは違うので、必ず味見をし、最後に塩で調整して

おいしいトッピング

シンプルなリゾットは、トッピングしだいで新しい味に変身します。
チーズでコク、ナッツで食感、ハーブで香りを加えましょう。

チーズいろいろ

家に余っているチーズがあればぜひ。
ハード系はすりおろし、
ソフトタイプは刻んでのせて。

材料 （2～3人分）

ミモレット（すりおろす）… 大さじ2

＊このほか、グリュイエールなどのハード系チーズならすりおろし、カマンベールやモッツァレラなどなら、刻んでのせる。ピザ用チーズでもいい

スパイシーナッツ

スパイスをからめたナッツで、
食感をプラス。カレー粉のほか、
クミン、ガーリックパウダーでも。

材料 （作りやすい分量／4人分）

アーモンド、ピーナッツ、くるみなど
（粗く刻む）… 合わせて50g
A ｜ 卵白 … 大さじ½
　 ｜ カレー粉、塩 … 各小さじ½

＊ナッツ類に混ぜたAをからめ、170℃に温めたオーブンで10分焼く（または、温めたオーブントースターで5分焼く）

フライドオニオン&ハーブ

市販のフライドオニオンに
ひと工夫。香ばしさとコクに、
生のハーブの香りを合わせます。

材料 （2～3人分）

市販のフライドオニオン … 大さじ1
セルフィーユ、ディルなど
　（生・粗く刻む）… 各適量

＊リゾットにオニオンを散らし、ハーブをのせる。タイム、イタリアンパセリ、香菜（シャンツァイ）などでもいい

スープについて

【市販の素を使う】
スープは湯3カップに固形スープの素½個、または鶏ガラスープの素大さじ½を溶いて使う。野菜スープの素でもいい。薄めに作り、だしとして使うのがポイント。シンプルな野菜のリゾットには、固形スープの素でうまみを補い、それ以外には鶏ガラスープを使うのがおすすめ。

【手作りする】
スープを手作りするなら、鍋に水1.5ℓと手羽元5～6本、香味野菜（セロリの葉、長ねぎの青い部分、にんにくの薄切り、パセリの茎、玉ねぎやにんじんの切れ端のうち、あるもの）を入れ、アクをとりながら1時間煮、塩小さじ1で味を調える。冷凍保存もでき、日持ちは約3週間。ゆでた手羽元はほぐし、ゆで鶏としてどうぞ。

チーズと塩について

パルメザンチーズは、かたまりのものをすりおろしてもいいし、なければ手軽な粉チーズでもOK。チーズの種類は好みなので、このほかペコリーノやコンテなどでも。また、塩はなるべく食べておいしいものを使って。この本では「ゲランドの塩」を使用。

フライパンについて

この本で使っているのは、直径27cm、底径20cmのフッ素樹脂加工のもの。少し深さがあり、底径は大きすぎないものがおすすめ。フライパンの大きさによって水分の蒸発具合、火の通り具合は違ってくるので、様子を見て火加減は調節してください。

Chapter.1
Simple Risotto

🍳 シンプルリゾット

普段の食事にはもちろん、ちょっと小腹がすいた時、
さっと作れるシンプルなレシピを集めました。
たらこバターやカルボナーラなどのパスタで人気の味も、
リゾットなら、フライパンひとつで煮るだけ。
放っておけるので、その間にサラダなどの副菜も作れます。
バターやオイルはやや少なめにするのが、私のお気に入り。
ファーストステップとして、ぜひ味わってみてください。

1. 卵とチーズのリゾット
Egg & cheese

シンプルなリゾットに、卵のコクをプラスしました。
卵は最後に加えて、余熱で火を通すのがポイント。
こうすると、とろっとした卵の風味が残ります。
仕上げには、黒こしょうでピリッとアクセントをきかせて。
トッピングに、ハーブや生ハムを添えるのもおすすめです。
⇒作り方は16ページ

2. レモンバターのリゾット
Lemon & butter

乳製品と柑橘系フルーツは、相性ぴったりの組み合わせ。
レモンは、汁を絞って米を煮る際に混ぜ込み、
皮はすりおろして、火を止める直前に加えます。
バターの香りに、レモンのさわやかさが広がり、
いくらでも食べられてしまうおいしさです。
⇒作り方は16ページ

厚揚げグリルの
サラダ

3. しらすと青のりのリゾット
Shirasu & green laver

しらすは、南イタリアでも食べられている食材。
しらすも青のりも、うまみがたっぷり詰まっているので、
スープいらずでリゾットが作れます。
見ためは和風ですが、チーズが入ってコクのある味わい。
多めの油でカリッと焼いた厚揚げのサラダがよく合います。
⇒作り方は17ページ

4. 豆腐と豆乳のリゾット
Tofu & soymilk

長ねぎ、しょうが、ごま油で中華風に仕上げたリゾットは、
台湾で朝ごはんに食べる豆乳スープのイメージ。
ザーサイや長ねぎ、香菜を散らしても合います。
豆腐は切らずに軽くつぶし、ごろっと食べごたえを残して。
チーズは加えていないので、あっさりとして消化もいいです。
⇒作り方は18ページ

5. たらことレモンのリゾット
Cod roe & lemon

たらこは半分を炒めてリゾットに混ぜ、
残りは生のままトッピングして、
半生の状態をアクセントとして楽しみます。
レモンをきりっときかせて、イタリア風に。
バジルやイタリアンパセリを散らしても美味です。
⇒作り方は18ページ

豚肉ソテーと
りんごのマリネ

6. きのこのリゾット
Mushroom

濃厚なうまみを持つきのこは、
チーズと合わせるだけで、十分においしい。
きのこは、マッシュルームのほかに
もう1種類使うと、複雑な味わいになっておすすめ。
ボリュームのある豚肉にりんごの酸味をきかせた、
マリネを組み合わせます。
⇒作り方は19ページ

Simple Risotto

1. 卵とチーズのリゾット
Egg & cheese

材料（2〜3人分）

米 … 1合（180ml）
玉ねぎ（みじん切り）… ¼個
卵 … 2個
パルメザンチーズ（すりおろす）… 30g
白ワイン … ¼カップ
スープ（固形スープの素½個＋湯）… 3カップ
塩 … 小さじ⅓
オリーブ油 … 大さじ1
黒こしょう … 少々

作り方

1 フライパンにオリーブ油を熱し、玉ねぎを中火で炒め、透き通ったら米を加えてさっと炒め、塩をふる。
2 白ワインを加えて煮立たせ、スープ2カップを加えて中火で煮、汁けがなくなったら残りのスープを加えて煮る。
3 チーズ、溶いた卵の順に加えてざっと混ぜ、塩（分量外）で味を調え、器に盛って黒こしょうをふる。

2. レモンバターのリゾット
Lemon & butter

材料（2〜3人分）

米 … 1合（180ml）
にんにく（みじん切り）… 1かけ
レモン汁 … 小さじ2
レモンの皮（ワックス不使用のもの・すりおろす）… ½個分
パルメザンチーズ（すりおろす）… 30g
スープ（固形スープの素½個＋湯）… 3カップ
塩 … 小さじ⅓
バター … 20g

作り方

1 フライパンにバターの半量、にんにくを入れて中火にかけ、香りが出たら米を加えてさっと炒め、塩をふる。
2 スープ2カップ、レモン汁を加えて中火で煮、汁けがなくなったら残りのスープを加えて煮る。
3 チーズ、レモンの皮（少し残す）、残りのバターを加えて混ぜ、塩（分量外）で味を調える。器に盛り、残りのレモンの皮を散らす。

3. しらすと青のりのリゾット
Shirasu & green laver

材料 （2〜3人分）

米 … 1合（180ml）
しらす … ½カップ（50g）
青のり … 大さじ3（5〜6g）
にんにく（みじん切り）… 1かけ
パルメザンチーズ（すりおろす）… 30g
白ワイン … 大さじ2
生クリーム … 大さじ4
湯 … 3カップ
塩 … 小さじ⅓
オリーブ油 … 大さじ1

作り方

1 フライパンにオリーブ油、にんにく、しらすを入れて中火にかけ、香りが出たら米を加えてさっと炒め、塩をふる。
2 白ワインを加えて煮立たせ、湯2カップを加えて中火で煮、汁けがなくなったら残りの湯を加えて煮る。
3 生クリーム、チーズ、青のりを加えて混ぜ、塩（分量外）で味を調える。

厚揚げグリルのサラダ　　Side dish

にんにくでカリッと焼き、ナンプラーをからめたしっかり味。
たっぷりの野菜を合わせ、すだちをきゅっと絞ります。

材料 （2〜3人分）

厚揚げ（縦半分に切り、1.5cm幅に切る）… 1枚（250g）
水菜（食べやすく切る）… 1株
きゅうり（縦半分に切り、斜め薄切り）… ½本
みょうが（せん切り）… ½本
にんにく（みじん切り）… 1かけ
A ┃ ナンプラー … 小さじ2
　 ┃ 塩、黒こしょう … 各少々
オリーブ油 … 大さじ1
すだち（横半分に切る）… 1個

作り方

1 フライパンにオリーブ油、にんにくを入れて中火にかけ、香りが出たら厚揚げを加えて全体をカリッと焼き、**A**をからめる。
2 器に野菜を合わせて盛り、**1**をのせ、すだちを添えて絞る。

● Simple Risotto

4. 豆腐と豆乳のリゾット
Tofu & soymilk

材料（2〜3人分）

米 … 1合（180ml）
豆腐（絹ごし、木綿のどちらでも）
　… 2/3丁（200g）
豆乳（成分無調整のもの）… 1/2カップ
長ねぎ（みじん切り）… 4cm
しょうが（みじん切り）… 1かけ
湯 … 3カップ
塩 … 小さじ1/2
ごま油 … 大さじ1
桜えび … 適量

作り方

1 フライパンにごま油、長ねぎ、しょうがを入れて中火にかけ、香りが出たら米を加えてさっと炒め、塩をふる。
2 湯2カップを加えて中火で煮、汁けがなくなったら残りの湯を加えて煮る。
3 豆腐を加えてヘラで軽くつぶし、豆乳を加えて煮立つ直前で火を止める。塩（分量外）で味を調え、器に盛って桜えびをのせる。

5. たらことレモンのリゾット
Cod roe & lemon

材料（2〜3人分）

米 … 1合（180ml）
たらこ（薄皮を除く）… 1腹（2本・60g）
にんにく（みじん切り）… 1/2かけ
レモン汁 … 小さじ2
レモンの皮（ワックス不使用のもの・
　すりおろす）… 1/2個分
白ワイン、生クリーム … 各1/4カップ
湯 … 3カップ
塩 … 小さじ1/4
オリーブ油 … 大さじ1
レモン … 適量

作り方

1 フライパンにオリーブ油、にんにく、たらこの半量を入れて中火にかけ、たらこの色が変わったら米を加えてさっと炒め、塩をふる。
2 白ワインを加えて煮立たせ、湯2カップ、レモン汁を加えて中火で煮、汁けがなくなったら残りの湯を加えて煮る。
3 生クリームを加えて混ぜ、塩（分量外）で味を調える。器に盛ってレモンの皮、残りのたらこをのせ、レモンを添えて絞る。

6. きのこのリゾット
Mushroom

材料 (2〜3人分)

米 … 1合(180ml)
マッシュルーム(薄切り) … 1パック(100g)
白まいたけ(またはエリンギ・ほぐす)
　… 1パック(100g)
にんにく(みじん切り) … 1かけ
パルメザンチーズ(すりおろす) … 30g
白ワイン … ¼カップ
湯 … 3カップ
塩 … 小さじ⅓
バター … 20g
黒こしょう … 少々

作り方

1. フライパンにバター、にんにくを入れて中火にかけ、香りが出たらきのこを加えて油が回るまで炒め、米を加えてさっと炒め、塩をふる。
2. 白ワインを加えて煮立たせ、湯2カップを加えて中火で煮、汁けがなくなったら残りの湯を加えて煮る。
3. チーズを加えて混ぜ、塩(分量外)で味を調え、器に盛って黒こしょうをふる。

豚肉ソテーとりんごのマリネ　　　　Side dish

塩こしょうをふって焼いた豚肉に、セロリのせん切りを合わせて。
りんごは生で食感を生かし、食べる直前にあえます。

材料 (2〜3人分)

豚ロース厚切り肉(大きめのひと口大に切る)
　… 2枚(300g)
玉ねぎ(薄切り) … ½個
セロリ(せん切り) … 1本
りんご(皮ごと5mm幅のいちょう切り)
　… ½個
A│白ワインビネガー、オリーブ油 … 各大さじ1
　│はちみつ … 小さじ1
　│しょうゆ … 小さじ½
オリーブ油 … 少々

作り方

1. 豚肉は塩、黒こしょう各少々(分量外)をふり、オリーブ油を熱したフライパンの強めの中火で両面をこんがり焼き、おおよそ火が通ったら玉ねぎ、セロリを加え、さっと炒める。
2. ボウルにAを入れて混ぜ、1を加えてあえ、食べる直前にりんごを加えて混ぜる。

7. カルボナーラ風リゾット
Carbonara

カリカリに炒めたベーコンは、煮込んでうまみをうつし、
少量を取り分けて、トッピングにも使います。
チーズのコクがぎっしり詰まったリゾットに、
たっぷりの黒こしょうと卵黄がとろりとからみます。
⇒作り方は24ページ

8. にらの中華風リゾット
Chinese chive

にらと香味野菜がどっさり入った中華風リゾットは、
ほんのり鶏ガラスープが香る、やさしい味わい。
にらは、小口切りにすることでたっぷり食べられ、
彩りもきれいに仕上がります。
さっぱりしているので、白いごはんのかわりにしても。
⇒作り方は24ページ

9. とうもろこしと黒こしょうのリゾット
Corn & black pepper

生のとうもろこしを加えて煮た、
コーンの甘みと香りがぎゅっと詰まった一品。
バターはやや多めに入れ、黒こしょうをきかせるのがコツです。
余ったら丸めて小麦粉、卵の順につけ、
パン粉をまぶしてライスコロッケにしても。
⇒作り方は25ページ

10. ベーコン、長ねぎ、押し麦のリゾット

Bacon, green onion, rolled barley

押し麦を加えることで、やさしいコクが出るので、
生クリームを合わせてマイルドに仕上げました。
大きめに切ったベーコン、どっさりの長ねぎで、
お米にしっかりうまみを吸わせて。
押し麦のプチプチとした食感も楽しいです。
⇒作り方は26ページ

● Simple Risotto

7. カルボナーラ風リゾット
Carbonara

材料（2〜3人分）

米 … 1合（180ml）
ベーコン（5mm幅に切る）… 4枚
卵黄 … 2〜3個分
にんにく（みじん切り）… 1かけ
パルメザンチーズ（すりおろす）… 30g
湯 … 3カップ
塩 … 小さじ1/3
オリーブ油 … 小さじ1
黒こしょう … 適量

作り方

1 フライパンにオリーブ油、にんにくを入れて中火にかけ、香りが出たらベーコンを加えてこんがり炒め、1/3量を取り出す。米を加えてさっと炒め、塩をふる。
2 湯2カップを加えて中火で煮、汁けがなくなったら残りの湯を加えて煮る。
3 チーズの2/3量を加えて混ぜ、塩（分量外）で味を調える。器に盛って卵黄、残りのチーズをのせ、黒こしょう、残りのベーコンを散らす。

8. にらの中華風リゾット
Chinese chive

材料（2〜3人分）

米 … 1合（180ml）
にら（小口切り）… 1束
にんにく、しょうが（ともにみじん切り）
　… 各1かけ
酒 … 大さじ2
スープ（鶏ガラスープの素大さじ1/2｜湯）
　… 3カップ
塩 … 小さじ1/3
しょうゆ … 小さじ1
黒こしょう … 少々
ごま油 … 大さじ1

作り方

1 フライパンにごま油、にんにく、しょうがを入れて中火にかけ、香りが出たら米を加えてさっと炒め、塩をふる。
2 酒を加えて煮立たせ、にら、スープ2カップを加えて中火で煮、汁けがなくなったら残りのスープを加えて煮る。
3 しょうゆ、黒こしょうを加えて混ぜ、塩（分量外）で味を調える。

9. とうもろこしと黒こしょうのリゾット
Corn & black pepper

材料 （3～4人分）

米 … 1合（180ml）
とうもろこし（実をそぎとる）
　… 2本（正味300g）
玉ねぎ（みじん切り）… ¼個
パルメザンチーズ（すりおろす）… 30g
湯 … 3カップ
塩 … 小さじ½
バター … 20g
黒こしょう … 適量

作り方

1. フライパンにバターの半量を溶かし、玉ねぎを中火で炒め、透き通ったら米を加えてさっと炒め、塩をふる。とうもろこしを加え、さっと炒める。
2. 湯2カップを加えて中火で煮、汁けがなくなったら残りの湯を加えて煮る。
3. チーズ、残りのバターを加えて混ぜ、塩（分量外）で味を調え、器に盛って黒こしょうをたっぷりふる。

Point

とうもろこしは生のまま長さを半分に切り、まな板の上に立てて置く。実の根元に包丁をあててそぎとり、手でざっとほぐす。

米をさっと炒めて塩を加えたら、とうもろこしをすべて加え、木ベラでほぐしながら米と合わせるようにさっと炒める。

♦ Simple Risotto

10. ベーコン、長ねぎ、押し麦のリゾット
Bacon, green onion, rolled barley

材料（2〜3人分）

米 … ⅔合（120ml）
押し麦 … 大さじ5（50g）
ベーコン（1cm幅に切る）… 3枚
長ねぎ（5cm長さの細切り）… 1½本
白ワイン … ¼カップ
生クリーム … 大さじ4
スープ（固形スープの素½個＋湯）… 3カップ
塩 … 小さじ⅓
オリーブ油 … 大さじ½
イタリアンパセリ（あれば・ちぎる）… 適量

作り方

1 フライパンにオリーブ油を熱し、ベーコン、長ねぎを中火で炒め、しんなりしたら米、押し麦を加えてさっと炒め、塩をふる。
2 白ワインを加えて煮立たせ、スープ2カップを加えて中火で煮、汁けがなくなったら残りのスープを加えて煮る。
3 生クリームを加えて混ぜ、塩、黒こしょう（ともに分量外）で味を調え、器に盛ってイタリアンパセリをのせる。

Point

ベーコンと長ねぎを炒めたら、米と押し麦を一緒に加えてさっと炒める。分量は米2に対して押し麦1にしているけれど、量は好みで加減して。

【押し麦】大麦を蒸気で加熱してからつぶしたもの。プチプチとした食感が楽しめ、白米に加えて炊けば、麦ごはんに。野菜と一緒に煮てスープにしてもおいしい。

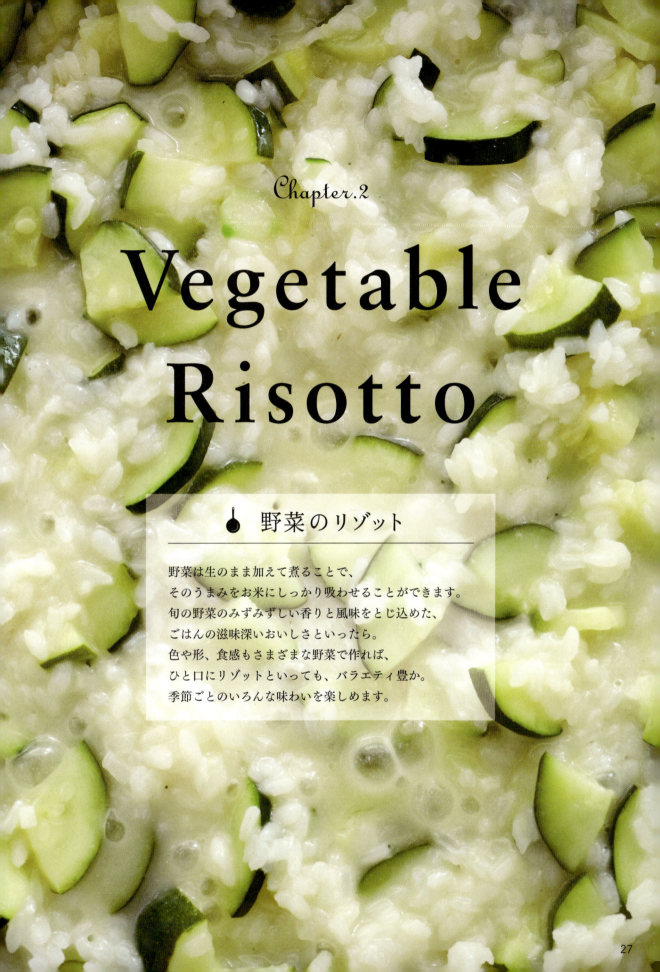

Chapter.2

Vegetable Risotto

🍳 野菜のリゾット

野菜は生のまま加えて煮ることで、
そのうまみをお米にしっかり吸わせることができます。
旬の野菜のみずみずしい香りと風味をとじ込めた、
ごはんの滋味深いおいしさといったら。
色や形、食感もさまざまな野菜で作れば、
ひと口にリゾットといっても、バラエティ豊か。
季節ごとのいろんな味わいを楽しめます。

1. カリフラワーときのこのリゾット
Cauliflower & mushroom

ただゆでるだけでもおいしく、スープにするのも好き。
カリフラワーなら、そのうまみを生かすだけで、
十分味わい深いリゾットが作れます。
きのこを加えることで、さらに味に奥行きを。
パルミジャーノを混ぜ、オリーブ油をかけて仕上げます。
⇒作り方は34ページ

2. かぼちゃとブルーチーズのリゾット
Pumpkin & blue cheese

かぼちゃの甘み、ブルーチーズの塩けとコクでまとめた、
濃厚な味わいのリゾットです。
最後にかけるはちみつの量は、かぼちゃの甘みで調整を。
くるみやスライスアーモンドのほか、
スパイシーナッツ（8ページ）をかけても合います。
⇒作り方は34ページ

3. じゃがいもとセージバターのリゾット
Potato & sage butter

バターのうまみ、じゃがいもの甘みを楽しめるリゾット。
セージバターの香りに、淡泊なじゃがいもを合わせて、
シンプルだけれど飽きのこない味にしました。
くせのない軽い味わいなので、
肉料理のつけ合わせにするのもおすすめ。
⇒作り方は35ページ

4.
アスパラとレモンのリゾット
Green asparagus & lemon

クタクタに煮えたところと、穂先のシャキッとした食感。
両方のアスパラが味わえます。
マスカルポーネチーズを加えて、ミルキーな味に。
相性のいいレモンの香りを添えました。
⇒作り方は35ページ

5.
ズッキーニとバジルのリゾット
Zucchini & basil

皮をむく必要がなく、火がすぐ通るズッキーニは、
リゾットに使うことが多い野菜のひとつ。
量を増やしてお米を減らし、ヘルシーに仕上げても。
⇒作り方は36ページ

6. そら豆とパルミジャーノのリゾット
Broad bean & Parmigiano-Reggiano

ゆで汁にうまみが詰まっているそら豆は、
それをスープがわりに加え、お米に香りをうつします。
豆は、半量を刻んで米と一体化させつつ、
残りは丸ごと加え、食感と形を楽しんで。
フランスでポピュラーなミントとの組み合わせです。
⇒作り方は36ページ

7. ビーツとクリームチーズのリゾット
Beet & cream cheese

鮮やかな赤紫色のビーツは、おもてなしにもぴったり。
レーズンを加えることで、その甘みを引き立たせ、
チーズも酸味のあるクリームチーズを選びます。
ビーツを細かく刻むのと、スープを一度に加えることで、
中まで早く火が通るようにするのがポイントです。
⇒作り方は37ページ

♦ Vegetable Risotto

1. カリフラワーときのこのリゾット
Cauliflower & mushroom

材料（2〜3人分）

米 … 1合（180ml）
カリフラワー（小房に分ける）
　… 小1株（正味250g）
マッシュルーム（薄切り）… 4個
パルメザンチーズ（すりおろす）… 30g
湯 … 3カップ
塩 … 小さじ1/3
オリーブ油 … 大さじ1
黒こしょう … 少々

作り方

1. フライパンにオリーブ油を熱し、マッシュルームを中火で炒め、油が回ったら米を加えてさっと炒め、塩をふる。カリフラワーを加え、さっと炒める。
2. 湯2カップ（カリフラワーの頭が出るようなら少し足す）を加えて中火で煮、汁けがなくなったら残りの湯を加えて煮る。
3. チーズを加えて混ぜ、塩（分量外）で味を調え、器に盛って黒こしょう、オリーブ油（分量外）をかける。

2. かぼちゃとブルーチーズのリゾット
Pumpkin & blue cheese

材料（2〜3人分）

米 … 1合（180ml）
かぼちゃ（皮をところどころむき、1.5cm幅の
　ひと口大に切る）… 1/4個（300g）*
玉ねぎ（みじん切り）… 1/4個
ブルーチーズ（細かくちぎる）… 100g
白ワイン … 大さじ2
生クリーム … 大さじ4
湯 … 3カップ
塩 … 小さじ1/3
オリーブ油 … 大さじ1
黒こしょう … 少々
はちみつ … 大さじ1/2

*かたければ、電子レンジで軽く加熱してから切るといい

作り方

1. フライパンにオリーブ油を熱し、玉ねぎを中火で炒め、透き通ったら米を加えてさっと炒め、塩をふる。
2. 白ワインを加えて煮立たせ、かぼちゃ、湯2カップ（かぼちゃの頭が出るようなら少し足す）を加えて中火で煮、汁けがなくなったら残りの湯を加えて煮る。
3. 生クリーム、チーズを加えて混ぜ、塩（分量外）で味を調える。器に盛って黒こしょう、はちみつをかける。

3. じゃがいもとセージバターのリゾット
Potato & sage butter

材料（2〜3人分）

米 … 1合（180ml）
じゃがいも（1cm幅の半月切り）… 2個（240g）
玉ねぎ（みじん切り）… ¼個
にんにく（みじん切り）… 1かけ
セージ（生）… 2本
パルメザンチーズ（すりおろす）… 30g
白ワイン … 大さじ2
生クリーム … 大さじ4
湯 … 3カップ
塩 … 小さじ⅓
バター … 20g

作り方

1 フライパンにバター、玉ねぎ、にんにくを入れて中火にかけ、玉ねぎが透き通ったら米を加えてさっと炒め、塩をふる。
2 白ワインを加えて煮立たせ、じゃがいも、セージ、湯2カップを加えて中火で煮、汁けがなくなったら残りの湯を加えて煮る。
3 生クリーム、チーズを加えて混ぜ、塩（分量外）で味を調える。

【セージ】すがすがしい香りで、肉のくさみ消しにも役立ち、ソーセージに使われるハーブ。バターと合わせて豚肉を炒めたり、これで香りをつけたバターでニョッキをあえても。

4. アスパラとレモンのリゾット
Green asparagus & lemon

材料（2〜3人分）

米 … 1合（180ml）
グリーンアスパラ（下のかたい皮をむき、穂先¼を切り、残りは5mm幅に切る）… 8本
玉ねぎ（みじん切り）… ¼個
マスカルポーネチーズ … 60g
白ワイン … ¼カップ
スープ（固形スープの素½個＋湯）… 3カップ
塩 … 小さじ⅓
オリーブ油 … 大さじ1
レモンの皮（ワックス不使用のもの・すりおろす）… 少々

作り方

1 フライパンにオリーブ油を熱し、玉ねぎを中火で炒め、透き通ったら米を加えてさっと炒め、塩をふる。アスパラを加えてさっと炒め、穂先は取り出す。
2 白ワインを加えて煮立たせ、スープ2カップを加えて中火で煮、汁けがなくなったら残りのスープを加えて煮る。
3 チーズを加えて混ぜ、塩（分量外）で味を調える。器に盛ってアスパラの穂先をのせ、レモンの皮を散らす。

【マスカルポーネ】ティラミスでおなじみのマスカルポーネは、乳脂肪分が多くてミルキーなチーズ。ほんのり甘くて濃厚な味わいなので、レモンの皮と合わせるとおいしい。

● Vegetable Risotto

5. ズッキーニとバジルのリゾット
Zucchini & basil

材料（2〜3人分）

- 米 … 1合（180ml）
- ズッキーニ（7〜8mm幅のいちょう切り） … 小2本
- 玉ねぎ（みじん切り）… ¼個
- にんにく（みじん切り）… 1かけ
- バジルの葉（ちぎる）… 6枚
- パルメザンチーズ（すりおろす）… 30g
- 白ワイン … ¼カップ
- スープ（固形スープの素½個＋湯）… 3カップ
- 塩 … 小さじ⅓
- オリーブ油 … 大さじ1

作り方

1. フライパンにオリーブ油、玉ねぎ、にんにくを入れて中火にかけ、玉ねぎが透き通ったら米を加えてさっと炒め、塩をふる。ズッキーニを加え、さっと炒める。
2. 白ワインを加えて煮立たせ、スープ2カップを加えて中火で煮、汁けがなくなったら残りのスープを加えて煮る。
3. チーズを加えて混ぜ、塩（分量外）で味を調え、火を止めてバジルを混ぜる。器に盛り、バジルの葉（分量外）を散らす。

6. そら豆とパルミジャーノのリゾット
Broad bean & Parmigiano-Reggiano

材料（2〜3人分）

- 米 … 1合（180ml）
- そら豆 … 15さや（薄皮つきで150g）
- 玉ねぎ（みじん切り）… ¼個
- パルメザンチーズ（すりおろす）… 30g
- 白ワイン … ¼カップ
- 塩 … 小さじ⅓
- オリーブ油 … 大さじ1
- ミントの葉（ちぎる）… 適量

作り方

1. そら豆はさやから出し、薄皮に切り目を入れ、塩少々（分量外）を加えた熱湯4カップでかために30秒ゆでる。薄皮をむき、半量は粗く刻む（ゆで汁はとっておく）。
2. フライパンにオリーブ油を熱し、玉ねぎを中火で炒め、透き通ったら米を加えてさっと炒め、塩をふる。
3. 白ワインを加えて煮立たせ、そら豆、ゆで汁2カップを加えて中火で煮、汁けがなくなったらゆで汁1カップを加えて煮る。
4. チーズを加えて混ぜ、塩（分量外）で味を調え、器に盛ってミントを散らす。

Point

そら豆は薄皮に切り目を入れ、塩を加えた熱湯で30秒ゆでる。粗熱がとれたら薄皮をむき、ゆで汁はスープがわりにとっておく。さやも一緒に加えてゆでると、より香りが強くなる。

7. ビーツとクリームチーズのリゾット
Beet & cream cheese

材料 （2～3人分）

米 … 1合（180ml）
ビーツ（厚めに皮をむき、みじん切り）
　… 小1個（100g）
玉ねぎ（みじん切り）… ¼個
クリームチーズ … 80g
パルメザンチーズ（すりおろす）… 10g
レーズン（粗みじん切り）… 大さじ2
白ワイン … ¼カップ
スープ（固形スープの素½個＋湯）… 3カップ
塩 … 小さじ⅓
オリーブ油 … 大さじ1

Point

玉ねぎ、ビーツの順に炒めたら、米を加えてさっと炒め合わせる。この段階でビーツの鮮やかな色が米にうつり、煮るときれいな赤紫色のリゾットに。

作り方

1. フライパンにオリーブ油を熱し、玉ねぎを中火で炒め、透き通ったらビーツを加えて油が回るまで炒める。米を加えてさっと炒め、塩をふる。
2. 白ワインを加えて煮立たせ、レーズン、スープを加え、弱めの中火でビーツがやわらかくなるまで15～20分煮る。
3. クリームチーズの半量、パルメザンチーズを加えて混ぜ、塩（分量外）で味を調え、器に盛って残りのクリームチーズをのせる。

【ビーツ】色鮮やかな赤紫色がきれいなビーツは、ロシア料理のボルシチでおなじみの野菜。少し土っぽい味がするので、甘みや酸味をプラスするとおいしく食べられる。

フリッタータの
ルッコラのせ

8. 里いもとブルーチーズのリゾット
Taro & blue cheese

里いものねっとりとした食感が新鮮なリゾット。
スープは加えず、ブルーチーズを合わせてシンプルに。
爽快感のあるタイムの香りをプラスします。
フリッタータにのせるのは、イタリアンパセリでも。

◆ Vegetable Risotto

里いもとブルーチーズのリゾット
Taro & blue cheese

材料（2〜3人分）

米 … 1合（180ml）
里いも（皮をむき、1.5cm角に切る）
　… 4個（240g）
玉ねぎ（みじん切り）… 1/4個
ブルーチーズ（ちぎる）… 50g
白ワイン … 1/4カップ
湯 … 3カップ
塩 … 小さじ1/3
オリーブ油 … 大さじ1
タイム（生）… 2本

作り方

1. フライパンにオリーブ油を熱し、玉ねぎを中火で炒め、透き通ったら米を加えてさっと炒め、塩をふる。里いもを加え、ざっと混ぜる。
2. 白ワインを加えて煮立たせ、湯2カップを加えて中火で煮、汁けがなくなったら残りの湯を加えて煮る。
3. チーズを加えて混ぜ、塩（分量外）で味を調え、器に盛ってタイムをのせる。

【タイム】肉や魚の煮込み料理、香草焼きに使われるさわやかな香りのハーブ。ローズマリーよりもくせがなく、小さな葉っぱがかわいくて、鉢で育てても丈夫でおすすめ。

フリッタータのルッコラのせ　　　　Side dish

多めのチーズが入って、コクたっぷりのオムレツです。
ビネグレットをからめた葉野菜を合わせ、さっぱりと。

材料（4人分）

A｜卵 … 5個
　｜パルメザンチーズ（すりおろす）… 25g
　｜生クリーム … 大さじ2・1/2

玉ねぎ（薄切り）… 1個
B｜塩 … 小さじ1/3
　｜黒こしょう … 少々
オリーブ油 … 大さじ2
ルッコラ（ちぎる）… 2〜3株
トマト（くし形切り）… 1個
C｜白ワインビネガー、オリーブ油 … 各小さじ1
　｜塩 … ひとつまみ
　｜黒こしょう … 少々

作り方

1. フライパン（直径20cm）にオリーブ油を熱し、玉ねぎを中火で炒め、しんなりしたらBをふる。混ぜたAを加えて大きく混ぜ、ふたをして弱めの中火で10分焼く。
2. 混ぜたCでルッコラ、トマトをさっとあえ、器に盛った1にのせ、黒こしょう（分量外）をふる。

9.
ほうれんそうと
リコッタチーズのリゾット
Spinach & ricotta

たっぷりのほうれんそうが食べられるリゾット。
松の実が、食感と香ばしさのアクセントです。
チーズはあっさりしつつ、コクのあるリコッタを。
なければモッツァレラでもOKです。
つけ合わせは、豚肉やズッキーニ、アスパラなどで作っても。

チキンの
バルサミコソテー

◆ Vegetable Risotto

ほうれんそうとリコッタチーズのリゾット
Spinach & ricotta

材料 （2〜3人分）

- 米 … 2/3合（120ml）
- 押し麦 … 大さじ5（50g）
- ほうれんそう（塩少々を加えた熱湯でさっとゆで、水けを絞って1cm幅に切る）… 1束
- A
  - 玉ねぎ（みじん切り）… 1/4個
  - にんにく（みじん切り）… 1かけ
- リコッタチーズ … 150g
- パルメザンチーズ（すりおろす）… 10g
- 白ワイン … 大さじ2
- 生クリーム … 大さじ4
- スープ（鶏ガラスープの素大さじ1/2＋湯）… 3カップ
- 塩 … 小さじ1/3
- オリーブ油 … 大さじ1
- 松の実（フライパンでからいりする）… 大さじ2
- ナツメグ … 少々

作り方

1. フライパンにオリーブ油、Aを入れて中火にかけ、玉ねぎが透き通ったら米、押し麦を加えてさっと炒め、塩をふる。ほうれんそうを加え、さっと炒める。
2. 白ワインを加えて煮立たせ、スープ2カップを加えて中火で煮、汁けがなくなったら残りのスープを加えて煮る。
3. 生クリーム、リコッタチーズの2/3量、パルメザンチーズを加えて混ぜ、塩、黒こしょう（ともに分量外）で味を調える。器に盛って残りのリコッタチーズをのせ、松の実を散らし、ナツメグをふる。

【リコッタチーズ】くせがなく、さっぱりした味わいが魅力のリコッタは、低脂肪でヘルシーなチーズ。豆腐のようなやわらかな食感が特徴で、ほうれんそうとの相性もいい。

チキンのバルサミコソテー　　　　Side dish

さっと焼いて、バルサミコ酢＋しょうゆで味つけするだけ。
れんこんの歯ごたえが、ほどよいアクセントに。

材料 （2〜3人分）

- 鶏もも肉 … 大1枚（300g）
- れんこん（皮をむき、小さめの乱切り）… 小1/2節（60g）
- A
  - バルサミコ酢、しょうゆ … 各大さじ1/2
- オリーブ油、黒こしょう … 各少々

作り方

1. 鶏肉は塩、黒こしょう各少々（分量外）をふり、オリーブ油を熱したフライパンの中火に皮目から入れ、こんがりしたら脇に寄せ、れんこんを加えてさっと炒める。
2. 鶏肉を裏返してふたをし、れんこんとともに弱火で5分焼き、Aをからめる。鶏肉を食べやすく切ってれんこんとともに器に盛り、黒こしょうをふる。

豆腐と
アボカドの春巻き

10.
レンズ豆の
ココナッツカレー風リゾット
Lentil & coconut curry

肉や魚を使わずに、ココナッツミルクのコクを生かした、
エスニックなカレー風味のリゾットです。
クミン、カレー粉のほか、好みのスパイスを加えても。
塩をきかせないと味が決まらないので、必ず味見をして。
水きり豆腐とアボカドで作るボリューム春巻きを添えます。

♦ Vegetable Risotto

レンズ豆のココナッツカレー風リゾット
Lentil & coconut curry

材料（3～4人分）

- 米 … 1合（180ml）
- A
  - じゃがいも（1.5cm角に切る）… ½個（80g）
  - にんじん（1cm角に切る）… 小1本
- 玉ねぎ（みじん切り）… ¼個
- ししとう（種を除き、みじん切り）… 4本
- プチトマト（縦4等分に切る）… 8個
- B
  - にんにく、しょうが（ともにみじん切り）… 各1かけ
  - クミンシード … 小さじ1
- レンズ豆（乾燥）… 大さじ2（30g）
- ココナッツミルク … 1缶（400ml）
- カレー粉 … 小さじ2
- 湯 … 2カップ
- 塩 … 小さじ⅔
- オリーブ油 … 大さじ1
- 香菜（ざく切り）… 適量

作り方

1. フライパンにオリーブ油、Bを入れて中火にかけ、香りが出たら玉ねぎを加えて透き通るまで炒める。米を加えてさっと炒め、塩をふる。
2. ししとう、プチトマトの順に加えてさっと炒め、A、レンズ豆、カレー粉、湯を加えて中火で煮、汁けがなくなったらココナッツミルクを加え、弱めの中火で煮る。
3. 塩（分量外）で味を調え、器に盛って香菜をのせる。

【レンズ豆】今回使った、より火の通りが早いレッド（皮なし）のほか、皮つきのグリーンがあり、どちらを選んでもOK。ともに水に浸す必要がなく、早く煮えるのが特徴。

豆腐とアボカドの春巻き
Side dish

豆腐の水きりさえしっかりすれば、あとは巻いて揚げるだけ。
ほんのりとしたカレー風味。皮を二重にすると、さらにカリカリに。

材料（3～4人分／6本）

- 春巻きの皮 … 6枚
- 木綿豆腐 … ½丁（150g）
- アボカド（種と皮を除き、スプーンですくう）… ½個
- A
  - 玉ねぎ（みじん切り）… ⅛個
  - にんにく（すりおろす）… ¼かけ
  - 片栗粉 … 大さじ½
  - カレー粉 … 小さじ½
  - 塩 … 小さじ¼
  - 黒こしょう … 少々
- 水溶き小麦粉、揚げ油、レモン … 各適量

作り方

1. 豆腐はキッチンペーパーで包んで重しをのせ、ひと晩しっかり水きりする。
2. ボウルに1、アボカドを入れてフォークでつぶし、Aを加えて混ぜる。角を手前にして置いた春巻きの皮の手前側にのせ、くるくる巻いて3つの角に水溶き小麦粉を塗ってとめ、両端をねじる。
3. 中温（170℃）の揚げ油でこんがり揚げ、器に盛ってレモンを添える。

● Vegetable Risotto

11. 栗のリゾット
Chestnut

栗はその甘さを生かして、味つけは塩のみでシンプルに。
小さく切って加えたほうが、栗の香りが米にうつっておいしい。

材料（2〜3人分）

米 … 1合（180ml）
栗（市販のむき栗や冷凍でも・縦4等分に切る）
　… 16個（正味200g）
パルメザンチーズ（すりおろす）… 20g
白ワイン … ¼カップ
湯 … 4カップ
塩 … 小さじ⅓
バター … 10g
オリーブ油 … 大さじ1
黒こしょう … 少々

作り方

1 フライパンにオリーブ油を熱し、米を中火でさっと炒め、塩をふる。
2 白ワインを加えて煮立たせ、栗、湯3カップを加えて中火で煮、汁けがなくなったら残りの湯を加え、木ベラで栗を少しくずしながら煮る。
3 チーズ、バターを加えて混ぜ、塩（分量外）で味を調え、器に盛って黒こしょう、パルメザンチーズ（分量外）をふる。

Point

栗は熱湯につけ、皮がやわらかくなったら鬼皮と渋皮をむき、水にさらして使う。手軽なむき栗や、冷凍のものを使ってもいい。

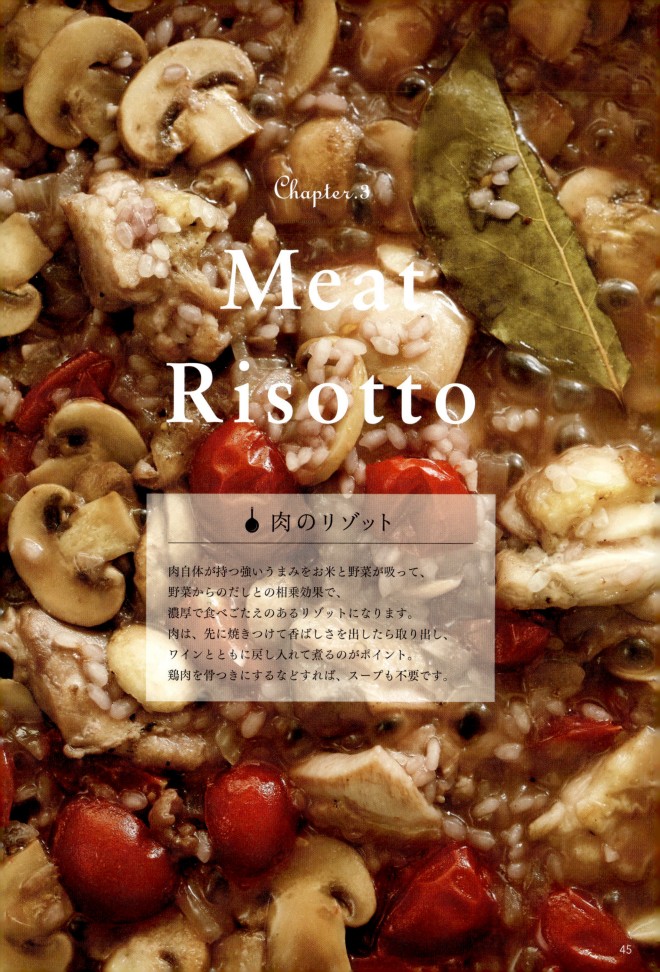

Chapter.3

Meat Risotto

🍳 肉のリゾット

肉自体が持つ強いうまみをお米と野菜が吸って、
野菜からのだしとの相乗効果で、
濃厚で食べごたえのあるリゾットになります。
肉は、先に焼きつけて香ばしさを出したら取り出し、
ワインとともに戻し入れて煮るのがポイント。
鶏肉を骨つきにするなどすれば、スープも不要です。

1. ソーセージとトマトのリゾット
Sausage & tomato

ソーセージとトマトが入ったオムライス風のリゾットは、
子どもから大人まで幅広く喜ばれる人気の味。
ソーセージにしっかり味がついているのと、
トマトもたっぷり入るので、スープの量は控えめでOK。
最後にモッツァレラを加え、とろっとしたところをどうぞ。
⇒作り方は52ページ

2. 鶏肉とかぶのリゾット
Chicken & turnip

鶏のだしでとろりと煮た、かぶの甘みのあるおいしさ。
それをごはんにしっかり吸わせます。
かぶは、煮くずれないよう大きめに切るのがコツ。
ローズマリーの香りをきかせ、イタリア風にします。
鶏肉のほか、ベーコンやあさりで作るのもおすすめ。
⇒作り方は52ページ

3. 豚バラ、切り干し大根、香菜(シャンツァイ)のリゾット

Pork, dried radish, coriander

干し野菜のうまみをごはんにしみ込ませた、
ぞうすいとリゾットの中間のようなひと皿。
豚肉はコクが出るバラ肉のほか、こま切れでもOK。
よく合うナンプラーを合わせてエスニック風にし、
レモンをきゅっと絞って、さっぱりといただきます。
⇒作り方は53ページ

4. 鶏肉、にんじん、クミンのリゾット
Chicken, carrot, cumin seed

にんじんとクミンは、好きな食材の組み合わせ。
鶏肉とにんじんをたっぷり入れて、
お米を少なめにして作ってもいいですね。
これひと皿で栄養バランスがしっかりとれて、
十分に満足感が得られるリゾットです。
⇒作り方は54ページ

5. 豚肉、さつまいも、ローズマリーのリゾット

Pork, sweet potato, rosemary

甘い野菜が合う豚肉を、さつまいもとリゾットにしました。
さつまいもによってホクホク、ねっとりと仕上がりが変わり、
ごはんが単調にならず、皮の赤色が見ためにもかわいい。
ローズマリーのほかにセージやタイム、オレガノなど、
少しくせのあるハーブをきかせると、バランスのよい味に。
⇒作り方は55ページ

6. 生ハムとキャベツのリゾット
Prosciutto & cabbage

生クリームで煮たキャベツのやさしい甘みに、
相性のいい生ハムを合わせて、
その塩けで食べるリゾットです。
生クリームのこっくりとした濃厚な味わいを
少しの粒マスタードがピリッと引きしめます。
⇒作り方は55ページ

● Meat Risotto

1. ソーセージとトマトのリゾット
Sausage & tomato

材料（2〜3人分）

米 … 1合（180ml）
ソーセージ（1cm幅に切る）… 8本
トマト（1.5cm角に切る）… 2個
A ┃ にんにく（みじん切り）… 1かけ
　┃ クミンシード … 小さじ1
　┃ チリペッパー（または一味唐辛子）… 少々
モッツァレラチーズ（1cm角に切る）
　… 1個（100g）
白ワイン … 1/4カップ
スープ（固形スープの素1/3個＋湯）… 2 1/2カップ
パセリの茎 … 2〜3本
塩 … 小さじ1/3
オリーブ油 … 大さじ1
イタリアンパセリ、黒こしょう … 各少々

作り方

1 フライパンにオリーブ油、Aを入れて中火にかけ、香りが出たらソーセージを加えてこんがり炒め、米を加えてさっと炒め、塩をふる。

2 白ワインを加えて煮立たせ、トマト、スープ1 1/2カップ、パセリの茎を加えて中火で煮、汁けがなくなったら残りのスープを加えて煮る。

3 塩（分量外）で味を調え、器に盛ってチーズ、ちぎったイタリアンパセリをのせ、黒こしょうをふる。

2. 鶏肉とかぶのリゾット
Chicken & turnip

材料（3〜4人分）

米 … 1合（180ml）
鶏もも肉（皮つきのまま3cm角に切る）
　… 1枚（250g）
かぶ（皮をむいて2cm角に切り、
　茎は1個分を1cm幅の小口切り）… 4個
玉ねぎ（みじん切り）… 1/4個
パルメザンチーズ（すりおろす）… 20g
白ワイン … 1/4カップ
湯 … 3カップ
ローズマリー（生）… 1本
塩 … 小さじ1/3
オリーブ油 … 大さじ1
黒こしょう … 少々

作り方

1 鶏肉は塩小さじ1/3（分量外）をもみ込み、オリーブ油少々（分量外）を熱したフライパンの強火に皮目から入れ、両面がこんがりしたら取り出す。続けてオリーブ油、玉ねぎを入れて中火で炒め、透き通ったら米を加えてさっと炒め、塩をふる。

2 鶏肉を戻し、白ワインを加えて煮立たせ、かぶ、かぶの茎、湯2カップ、ローズマリーを加えて中火で煮、汁けがなくなったら残りの湯を加えて煮る。

3 チーズを加えて混ぜ、塩（分量外）で味を調え、器に盛って黒こしょう、パルメザンチーズ（分量外）をふる。

3. 豚バラ、切り干し大根、香菜のリゾット
Pork, dried radish, coriander

材料 （3〜4人分）

米 … 1合（180㎖）
豚バラ薄切り肉（3㎝長さに切る）
　… 8枚（160g）
切り干し大根（乾燥・水で戻し、
　水けを絞って3㎝長さに切る）… 30g
にんにく（みじん切り）… 1かけ
酒 … 大さじ2
湯 … 3½カップ
ナンプラー … 大さじ1½
塩 … ひとつまみ
ごま油 … 大さじ1
黒こしょう、香菜（ざく切り）、レモン … 各適量

作り方

1. 豚肉は塩小さじ⅓（分量外）をもみ込み、何もひかないフライパンの強火で色が変わるまで炒め、取り出す。続けてごま油、にんにくを入れて中火にかけ、香りが出たら米を加えてさっと炒め、塩をふる。切り干し大根を加え、さっと炒める。
2. 豚肉を戻し、酒を加えて煮立たせ、湯2カップ、ナンプラーを加えて中火で煮、汁けがなくなったら残りの湯を加えて煮る。
3. 塩（分量外）で味を調え、器に盛って黒こしょうをふり、香菜をのせてレモンを添えて絞る。

Point

豚肉は塩小さじ⅓をもみ込み、フライパンの強火で表面を焼きつけたら、いったん取り出す。こうしてくさみをとり、香ばしさをプラスするのがポイント。

米全体に油が回ったら塩をふり、戻した切り干し大根を加え、米となじませるようにさっと炒める。

♠ Meat Risotto

4. 鶏肉、にんじん、クミンのリゾット
Chicken, carrot, cumin seed

材料 （3〜4人分）

米 … 1合（180ml）
鶏もも肉（皮つきのまま3cm角に切る）
　… 1枚（250g）
にんじん（3〜4cm長さの細切り）… 1本
玉ねぎ（みじん切り）… 1/4個
にんにく（みじん切り）… 1かけ
クミンシード … 小さじ1
白ワイン … 1/4カップ
生クリーム … 大さじ4
湯 … 3カップ
ローリエ … 1枚
塩 … 小さじ1/3
オリーブ油 … 大さじ1/2
クミンパウダー（あれば）… 少々

作り方

1. 鶏肉は塩小さじ1/3（分量外）をもみ込み、オリーブ油少々（分量外）を熱したフライパンの強火に皮目から入れ、両面がこんがりしたら取り出す。続けてオリーブ油、玉ねぎ、にんにく、クミンシードを入れて中火にかけ、玉ねぎが透き通ったら米を加えてさっと炒め、塩をふる。
2. 鶏肉を戻し、白ワインを加えて煮立たせ、にんじん、湯2カップ、ローリエを加えて中火で煮、汁けがなくなったら残りの湯を加えて煮る。
3. 生クリームを加えて混ぜ、塩、黒こしょう（ともに分量外）で味を調え、器に盛ってクミンパウダーをふる。

Point

鶏肉は皮目から焼き、両面にこんがり焼き色をつけて取り出す。この段階では、火はまだ中まで通っていなくていい。フライパンは洗わずに、このまま使って。

鶏肉をフライパンに戻したら、白ワインを加えて煮立たせる。これでワインの香りが肉にしみ込み、リゾットが風味よく仕上がる。

【クミンシード】インド料理などに使われるスパイス。肉を焼く時にこしょうのかわりにふったり、カレーで肉や野菜を炒める時に加えると、本格的な味に仕上がる。

5. 豚肉、さつまいも、ローズマリーのリゾット
Pork, sweet potato, rosemary

材料（3〜4人分）

米 … 1合（180ml）
豚肩ロースかたまり肉（1cm厚さの
　ひと口大に切る）… 200g＊
さつまいも（皮ごと1cm幅の
　いちょう切り）… 小1本（200g）
玉ねぎ（みじん切り）… 1/4個
ローズマリー（生）… 1本
パルメザンチーズ（すりおろす）… 20g
白ワイン … 1/4カップ
スープ（鶏ガラスープの素大さじ1/2＋湯）
　… 3カップ
塩 … 小さじ1/3
オリーブ油 … 大さじ1
仕上げ用のパルメザンチーズ
　（すりおろす）… 適量
＊薄切り肉でもOK

作り方

1　豚肉は塩小さじ1/3（分量外）をもみ込み、オリーブ油少々（分量外）を熱したフライパンの強火に入れ、両面がこんがりしたら取り出す。続けてオリーブ油、玉ねぎを入れて中火で炒め、透き通ったら米、さつまいもを加えてさっと炒め、塩をふる。
2　豚肉を戻し、白ワインを加えて煮立たせ、ローズマリー、スープ2カップを加えて中火で煮、汁けがなくなったら残りのスープを加えて煮る。
3　チーズを加えて混ぜ、塩（分量外）で味を調え、器に盛ってチーズをふる。

【ローズマリー】清涼感のある香りのハーブ。苦みが少しあるので、かぼちゃなどの甘いもののアクセントにもおすすめ。香りはあまり変わらないので、ドライを使ってもOK。

6. 生ハムとキャベツのリゾット
Prosciutto & cabbage

材料（2〜3人分）

米 … 1合（180ml）
生ハム（半分にちぎる）… 8枚
キャベツ（1cm幅に切る）… 2枚
玉ねぎ（みじん切り）… 1/4個
A｜生クリーム … 1/4カップ
　｜粒マスタード … 小さじ1/2
白ワイン … 1/4カップ
スープ（鶏ガラスープの素大さじ1/2＋湯）
　… 3カップ
塩 … 小さじ1/3
オリーブ油 … 大さじ1

作り方

1　フライパンにオリーブ油、玉ねぎを入れて中火で炒め、透き通ったら米を加えてさっと炒め、塩をふる。
2　白ワインを加えて煮立たせ、キャベツ、スープ2カップを加えて中火で煮、汁けがなくなったら残りのスープを加えて煮る。
3　Aを加えて混ぜ、塩（分量外）で味を調え、器に盛って生ハムをのせる。

ほたてと
野菜のフリット

7.
鶏肉、マッシュルーム、赤ワインのリゾット
Chicken, mushroom, red wine

鶏肉でややあっさりとしつつも、
赤ワインを加えて、シチューのようなコクを出しました。
きのことプチトマトのうまみもしみ込んだ、
濃厚な味わいのリゾット。合わせたフリットは、
少しのベーキングパウダーでカリッと仕上げます。

◆ Meat Risotto

鶏肉、マッシュルーム、赤ワインのリゾット
Chicken, mushroom, red wine

材料 （3～4人分）

- 米 … 1合（180ml）
- 鶏もも肉（皮つきのまま3cm角に切る）… 1枚（250g）
- 玉ねぎ（みじん切り）… ¼個
- にんにく（みじん切り）… 1かけ
- マッシュルーム（薄切り）… 5個
- プチトマト（縦4等分に切る）… 4個
- 赤ワイン … ¼カップ
- スープ（鶏ガラスープの素大さじ½ ＋ 湯）… 3カップ
- ローリエ … 1枚
- 塩 … 小さじ⅓
- バター … 5g
- パルメザンチーズ（すりおろす）… 適量

作り方

1. 鶏肉は塩小さじ⅓、黒こしょう少々（ともに分量外）をもみ込み、オリーブ油少々（分量外）を熱したフライパンの強火に皮目から入れ、両面がこんがりしたら取り出し、フライパンの脂をペーパーでふく。続けてバター、玉ねぎ、にんにくを入れて中火にかけ、玉ねぎが透き通ったらマッシュルーム、米を加えてさっと炒め、塩をふる。
2. 鶏肉を戻し、赤ワインを加えて煮立たせ、プチトマト、スープ2カップ、ローリエを加えて中火で煮、汁けがなくなったら残りのスープを加えて煮る。
3. 塩（分量外）で味を調え、器に盛ってチーズをふる。

ほたてと野菜のフリット

Side dish

ベーキングパウダーがなければ、水のかわりに炭酸水を加えて。
バジルのフリットは、かわいくて香りのよさも抜群です。

材料 （3～4人分）

- ほたて貝柱（刺身用・厚みを半分に切る）… 4個
- にんじん …（4cm長さに切り、縦1cm厚さに切る）… ½本
- ズッキーニ（4cm長さに切り、縦半分に切る）… ½本
- バジルの葉 … 4枚
- A
  - 小麦粉 … ½カップ
  - 片栗粉 … 大さじ1
  - ベーキングパウダー … 小さじ½
  - 塩 … ひとつまみ
- B
  - 冷水 … 80ml
  - オリーブ油 … 大さじ1
- 揚げ油、レモン … 各適量

作り方

1. ボウルにAを入れ、Bを加えて菜箸でざっくり混ぜる。
2. にんじん、ズッキーニ、バジル、ほたての順に1にからめ、中温（170℃）の揚げ油でカラッとするまで揚げる。器に盛り、レモンを添える。

● Meat Risotto

8. 牛ひきとピーマンのカレーリゾット
Beef mince & green pepper curry

火の通りが早いひき肉で作れるピラフ風リゾット。
肉は先に炒めて、そのうまみをとじ込めます。

材料（2〜3人分）

- 米 … 1合（180ml）
- 牛ひき肉 … 160g
- 塩 … 小さじ1/4
- 玉ねぎ（みじん切り）… 1/4個
- ピーマン（粗みじん切り）… 2個
- にんにく、しょうが（ともにみじん切り）
    　　各1かけ
- A
    - カレールウ（粗く刻む）… 1かけ（20g）
    - ケチャップ … 大さじ1
    - オイスターソース … 小さじ1
    - クミンシード … 小さじ1/2
- 赤ワイン … 1/4カップ
- 湯 … 3カップ
- オリーブ油 … 大さじ1/2
- 卵 … 2〜3個
- カレー粉 … 少々

作り方

1. フライパンにオリーブ油少々（分量外）を熱し、ひき肉、塩を入れて強めの中火でヘラで押しつけながらこんがり焼き、にんにく、しょうがを加えて混ぜ、取り出してフライパンの脂をペーパーでふく。続けてオリーブ油、玉ねぎ、ピーマンを入れて中火で炒め、油が回ったら米を加えてさっと炒める。
2. ひき肉を戻し、赤ワインを加えて煮立たせ、A、湯2カップを加えて中火で煮、汁けがなくなったら残りの湯を加えて煮る。
3. 塩（分量外）で味を調え、卵を落としてふたをし、固まったら卵ごと器に盛り、カレー粉をふる。

Chapter.4

Fish & Seafood Risotto

🍳 魚のリゾット

魚介が持つ豊かなだしで、味わい深いリゾットが作れます。
魚介は長く煮すぎるとかたくなるので、
先にさっと焼きつけ、いったん取り出すのがポイント。
ワインやセロリ、香りのあるハーブと一緒に煮れば、
独特のくさみが消えて、うまみに変わります。
お米の一粒一粒までじっくり味がしみ込んだ、
私の自慢のメニューたちです。

1. ツナ、オリーブ、ケッパーの　トマトリゾット
Tuna, black olive, caper & tomato

パスタのイメージで作ったリゾットです。
ツナ、アンチョビ、オリーブ、ケッパーなど、
トマトに合うものをたくさん入れました。
オリーブやケッパー、バジルの量は、お好みで。
ドライのハーブを加えてもおいしいです。
⇒作り方は66ページ

2. えびとレモンのリゾット
Prawn & lemon

濃厚な生クリームをレモンの酸味で引きしめた
レモンクリームは、私のお気に入りの味。
えびはさっと炒めて取り出し、あとから戻すことで、
プリッとした食感が残り、うまみもスープに入ります。
レモンの皮とタイムの葉を飾れば、彩りもかわいい。
⇒作り方は66ページ

3. あさりとプチトマトのリゾット
Clam & cherry tomato

白ワインで蒸し煮にした、あさりのだしが味の決めて。
蒸したあさりはいったん取り出し、残ったスープで
そのまま米を炒めて炊くのがポイント。
味つけは、あさりの風味を生かしてごくシンプルに。
プチトマトの酸味をアクセントに添えます。
⇒作り方は67ページ

4.
ほたてとアスパラのリゾット
Scallop & green asparagus

ほたてとアスパラはバターで炒め、コクを出します。
かわりにあさり、きのこやブロッコリーで作っても。
レモンの皮をすりおろし、レモン汁をかけてもおいしい。
⇒作り方は67ページ

5.
いかとルッコラのリゾット
Squid & rocket

いかのうまみにアンチョビを加えた、奥深い味わい。
いかは一緒に煮込んで、うまみを米に吸わせます。
ほろ苦いルッコラを添えて、大人っぽい味に。
⇒作り方は68ページ

6. スモークサーモンの ヨーグルトリゾット
Smoked salmon & yogurt

脂がのったサーモンに、ヨーグルトの酸味を合わせて。
ディルを加えることで、さわやかなあと味にしました。
ヨーグルトを混ぜたら、分離するので煮立たせないように。
サーモンは半量を中に混ぜましたが、
全量を上にのせて食べるのもおすすめです。

⇒作り方は68ページ

7. さわらと白みそのリゾット
Spanish mackerel & white miso

魚はさわら以外にも、すずきや鯛、かじきなど、
白身魚の中でも脂がのったものが合います。
さわらはくずれやすいので、混ぜる時はそっと。
白みその甘さが、さわらの風味を引き立てます。
ゆずの季節には、仕上げに刻んだゆずの皮をぜひ散らして。
⇒作り方は69ページ

● Fish & Seafood Risotto

1. ツナ、オリーブ、ケッパーのトマトリゾット
Tuna, black olive, caper & tomato

材料（2〜3人分）

- 米 … 1合（180ml）
- ツナ缶（汁けをきる）… 小2缶（140g）
- 玉ねぎ（みじん切り）… ¼個
- にんにく（みじん切り）… 1かけ
- A
  - 黒オリーブ（種を除き、4等分に切る）… 4個
  - ケッパー … 小さじ2
- アンチョビ（フィレ）… 4枚
- ホールトマト缶（細かく刻む）… ½缶（200g）
- 白ワイン … ¼カップ
- 湯 … 2カップ
- 塩 … 小さじ¼
- オリーブ油 … 大さじ½
- バジルの葉（ちぎる）… 適量

作り方

1. フライパンにオリーブ油、玉ねぎ、にんにく、アンチョビ（つぶしながら）を入れて中火にかけ、玉ねぎが透き通ったらツナ、米の順に加えてさっと炒め、塩をふる。
2. 白ワインを加えて煮立たせ、A、ホールトマト、湯1カップを加えて中火で煮、汁けがなくなったら残りの湯を加えて煮る。
3. 塩（分量外）で味を調え、器に盛ってバジルを散らす。

2. えびとレモンのリゾット
Prawn & lemon

材料（2〜3人分）

- 米 … 1合（180ml）
- 殻つきえび（ブラックタイガーなど・殻をむき、尾と背ワタを除く）… 15尾（180g）
- 玉ねぎ（みじん切り）… ¼個
- にんにく（みじん切り）… 1かけ
- レモン汁 … 大さじ1
- レモンの皮（ワックス不使用のもの・すりおろす）… ½個分
- パルメザンチーズ（すりおろす）… 20g
- 白ワイン … ¼カップ
- 生クリーム … 大さじ4
- スープ（鶏ガラスープの素大さじ½＋湯）… 3カップ
- タイム（生）… 2本
- 塩 … 小さじ⅓
- オリーブ油 … 大さじ1

作り方

1. フライパンにオリーブ油、にんにくを入れて中火にかけ、香りが出たら白ワイン少々（分量外）をふったえびを加えて炒め、色が変わったら取り出す。続けてオリーブ油小さじ1（分量外）、玉ねぎを入れて中火で炒め、透き通ったら米を加えてさっと炒め、塩をふる。
2. 白ワインを加えて煮立たせ、スープ2カップ、レモン汁、タイム1本を加えて中火で煮、汁けがなくなったら残りのスープを加え、えびを戻して煮る。
3. 生クリーム、チーズ、レモンの皮の半量を加えて混ぜ、塩（分量外）で味を調える。器に盛って残りのレモンの皮、残りのタイムをちぎって散らす。

3. あさりとプチトマトのリゾット
Clam & cherry tomato

材料（2〜3人分）

- 米 … 1合（180ml）
- あさり（砂出しする）… 1パック（250g）
- プチトマト（縦半分に切る）… 6個
- にんにく（みじん切り）… 1かけ
- 白ワイン … ¼カップ
- 湯 … 3カップ
- パセリの茎 … 2〜3本
- 塩 … 小さじ⅓
- オリーブ油 … 大さじ1
- イタリアンパセリ（粗く刻む）… 適量

作り方

1. フライパンにオリーブ油少々（分量外）、にんにくを入れて中火にかけ、香りが出たらあさり、白ワインを加えてふたをし、あさりの口が開いたら取り出す。続けてオリーブ油、米を入れて中火でさっと炒め、塩をふる。
2. プチトマト、湯2カップ、パセリの茎を加えて中火で煮、汁けがなくなったら残りの湯を加え、あさりを戻して煮る。
3. 塩（分量外）で味を調え、器に盛ってイタリアンパセリを散らす。

＊あさりの砂出しは、塩水（水1カップ＋塩小さじ1）にあさりを入れ、冷暗所に1時間おく

4. ほたてとアスパラのリゾット
Scallop & green asparagus

材料（2〜3人分）

- 米 … 1合（180ml）
- ほたて貝柱（刺身用・縦半分に切る）… 6個
- グリーンアスパラ（下のかたい皮をむき、2〜3cm幅の斜め切り）… 3〜4本
- 玉ねぎ（みじん切り）… ¼個
- にんにく（みじん切り）… 1かけ
- パルメザンチーズ（すりおろす）… 30g
- 白ワイン … ¼カップ
- スープ（鶏ガラスープの素大さじ½ ＋湯）… 3カップ
- パセリの茎 … 2〜3本
- 塩 … 小さじ⅓
- バター … 15g
- オリーブ油 … 小さじ1

作り方

1. フライパンにバターを溶かし、ほたて、アスパラを中火で炒め、ほたての全体がこんがりしたら、アスパラとともに取り出す。続けてオリーブ油、玉ねぎ、にんにくを入れて中火にかけ、玉ねぎが透き通ったら米を加えてさっと炒め、塩をふる。
2. 白ワインを加えて煮立たせ、スープ2カップ、パセリの茎を加えて中火で煮、汁けがなくなったら残りのスープを加えて煮る。
3. ほたて、アスパラを戻し、チーズを加えて混ぜ、塩（分量外）で味を調える。

♦ Fish & Seafood Risotto

5. いかとルッコラのリゾット
Squid & rocket

材料 （2〜3人分）

米 … 1合（180ml）
いか（するめいかなど）… 小2はい（320g）
A｜ 玉ねぎ（みじん切り）… ¼個
　｜ にんにく（みじん切り）… 1かけ
　｜ 赤唐辛子（小口切り）… 1本
　｜ アンチョビ（フィレ）… 2枚
白ワイン … ¼カップ
湯 … 3カップ
塩 … 小さじ⅓
オリーブ油 … 大さじ1
ルッコラ（ざく切り）… 3〜4株
B｜ オリーブ油、塩、バルサミコ酢 … 各少々

作り方

1. いかは足を引き抜いてワタ、軟骨を除き、胴は1cm幅に切る（足は他の料理に使って）。
2. フライパンにオリーブ油、Aを入れて中火にかけ（アンチョビはつぶしながら）、玉ねぎが透き通ったら1を加え、こんがり炒める。米を加えてさっと炒め、塩をふる。
3. 白ワインを加えて煮立たせ、湯2カップを加えて中火で煮、汁けがなくなったら残りの湯を加えて煮る。塩（分量外）で味を調え、器に盛り、Bであえたルッコラをのせる。

Point
いかは足のつけ根をはずし、ワタとともに足を引き抜き、軟骨を除いて中をよく洗う。皮はむかずに、胴を1cm幅に切って使う。

6. スモークサーモンのヨーグルトリゾット
Smoked salmon & yogurt

材料 （2〜3人分）

米 … 1合（180ml）
スモークサーモン（ひと口大に切る）
　… 10枚（80g）
玉ねぎ（みじん切り）… ¼個
セロリ（みじん切り）… ⅓本
白ワイン … ¼カップ
プレーンヨーグルト … 大さじ3
生クリーム … ¼カップ
湯 … 3カップ
塩 … 小さじ⅓
オリーブ油 … 大さじ1
ディル（生・ちぎる）… 2枝

作り方

1. フライパンにオリーブ油を熱し、玉ねぎ、セロリを中火で炒め、透き通ったらサーモンの半量、米の順に加えてそのつどさっと炒め、塩をふる。
2. 白ワインを加えて煮立たせ、湯2カップを加えて中火で煮、汁けがなくなったら残りの湯を加えて煮る。
3. ヨーグルト、生クリームを加えて混ぜ、塩（分量外）で味を調える。器に盛って残りのサーモン、ディルをのせ、ピンクペッパー（あれば・分量外）を散らす。

7. さわらと白みそのリゾット
Spanish mackerel & white miso

材料 （2〜3人分）

米 … 1合（180ml）
さわらの切り身（2〜3等分のそぎ切り）
　… 2枚（200g）
玉ねぎ（みじん切り）… ¼個
にんにく（みじん切り）… ½かけ
A ┃ 生クリーム … 80ml
　 ┃ 白みそ … 大さじ2
白ワイン … ¼カップ
湯 … 3カップ
パセリの茎 … 2〜3本
塩 … 小さじ⅓
オリーブ油 … 大さじ1
イタリアンパセリ（ちぎる）… 適量

作り方

1. さわらは塩少々（分量外）をふり、オリーブ油少々（分量外）を熱したフライパンの強火に皮目から入れ、両面がこんがりしたら取り出す。続けてオリーブ油、玉ねぎ、にんにくを入れて中火にかけ、玉ねぎが透き通ったら米を加えてさっと炒め、塩をふる。
2. 白ワインを加えて煮立たせ、湯2カップ、パセリの茎を加えて中火で煮、汁けがなくなったら残りの湯を加え、さわらを戻して煮る。
3. 混ぜたAを加えて全体に混ぜ、塩（分量外）で味を調え、器に盛ってイタリアンパセリを散らす。

Point

さわらは塩少々をふり、オリーブ油を熱したフライパンの強火で皮目から焼き、両面がこんがりしたら取り出す。火はまだ中まで通っていなくていい。

湯1カップを追加したタイミングで、さわらを戻し入れる。煮くずれしやすいので、さわらずに汁けがなくなるまで煮る。

汁けがなくなったら、白みそを溶いた生クリームを加えて全体に混ぜる。混ぜる時は、さわらがくずれないように注意して。

オレンジと
セロリのサラダ

8. 鯛とアイオリソースのリゾット
Sea bream & aioli

鯛は多めのセロリと煮込むことで、くさみを抑えます。
ハーブのきいたソースをかければ、あと味もさわやか。
プチプチした押し麦の食感とよく合います。
オレンジのサラダは、ビネガーをきかせたシチリア風です。

🍴 Fish & Seafood Risotto

鯛とアイオリソースのリゾット
Sea bream & aioli

材料（2〜3人分）

米 … 2/3合（120ml）
押し麦 … 大さじ5（50g）
鯛の切り身（2〜3等分のそぎ切り）
　… 2枚（200g）
セロリ（みじん切り）… 1/2本
にんにく（みじん切り）… 1かけ
白ワイン … 1/4カップ
湯 … 3カップ
塩 … 小さじ1/3
オリーブ油 … 大さじ1
ディル（生）… 1〜2枝

【アイオリソース】
A ┃ 卵黄 … 1個分
　┃ フレンチマスタード … 小さじ1
　┃ ディル（生・粗く刻む）… 1枝
　┃ にんにく、レモンの皮（ワックス不使用のもの・
　┃ 　ともにすりおろす）… 各少々
オリーブ油 … 大さじ1〜2
塩 … 少々

作り方

1. 鯛は塩少々（分量外）をふり、オリーブ油少々（分量外）を熱したフライパンの強火に皮目から入れ、両面がこんがりしたら取り出す。続けてオリーブ油、セロリ、にんにくを入れて中火にかけ、香りが出たら米、押し麦を加えてさっと炒め、塩をふる。
2. 白ワインを加えて煮立たせ、湯2カップを加えて中火で煮、汁けがなくなったら残りの湯を加え、鯛を戻して煮る。
3. 塩（分量外）で味を調え、器に盛ってディルをのせる。混ぜたAにオリーブ油を少しずつ加え、泡立て器でとろりとするまで混ぜ、塩で味を調えたアイオリソースをかける。

【ディル】魚を中心に、肉や野菜などにも合うさわやかな香りのハーブ。トマト、きゅうり、アボカドともよく合い、たこのマリネやポテトサラダに加えても美味。

オレンジとセロリのサラダ
Side dish

オレンジとフェンネルで作る、ナポリやシチリアのサラダをアレンジ。
塩とビネガーをしっかりきかせるとおいしい。

材料（2〜3人分）

オレンジ … 2個
セロリ（4cm長さの細切りにし、水にさらす）
　… 1本
紫玉ねぎ（横に薄切りし、水にさらす）… 1/4個
アーモンド（ホール・粗く刻む）… 大さじ1
A ┃ オリーブ油 … 大さじ1
　┃ 白ワインビネガー … 小さじ1
　┃ 塩 … 小さじ1/4

作り方

1. オレンジは包丁で皮をむき、横5mm幅の輪切りにする。
2. 器に1、紫玉ねぎ、セロリ、アーモンドの順に盛り、混ぜたAをかける。

Point
オレンジは、まずヘタと底を切り落とし、包丁で縦にそぎ落とすように皮をむく。このあと、横に5mm幅の輪切りにする。

カリフラワーの
オーブン焼き

9. かきと万能ねぎのリゾット
Oyster & green onion

かきのだしを吸ったごはんに、たっぷりの万能ねぎを合わせ、
少しの生クリームでまろやかに仕上げました。
クレソンをのせるのもおすすめ。合わせたオーブン焼きには、
ゆずこしょうの酸味をきかせます。

● Fish & Seafood Risotto

かきと万能ねぎのリゾット
Oyster & green onion

材料（3〜4人分）

米 … 1合（180ml）
雑穀ミックス … 1袋（30g）
かきのむき身（加熱用）… 12個（200g）
万能ねぎ（小口切り）… 10本
にんにく（みじん切り）… 1かけ
パルメザンチーズ（すりおろす）… 20g
白ワイン … 1/4カップ
生クリーム … 大さじ2
湯 … 3 1/4カップ
塩 … 小さじ1/3
オリーブ油 … 大さじ1

作り方

1 フライパンにオリーブ油少々（分量外）を熱し、かきの表面を中火でこんがり焼いて取り出す。続けてオリーブ油、にんにくを入れて中火にかけ、香りが出たら米、雑穀ミックスを加えてさっと炒め、塩をふる。
2 白ワインを加えて煮立たせ、湯2 1/4カップを加えて中火で煮、汁けがなくなったら残りの湯を加え、かきを戻して煮る。
3 生クリーム、チーズを加えて混ぜ、塩（分量外）で味を調え、火を止めて万能ねぎの半量を加えて混ぜる。器に盛り、残りの万能ねぎを散らす。

カリフラワーのオーブン焼き

Side dish

マヨネーズ＋ゆずこしょうの酸味をアクセントに。
パン粉にはオイルを混ぜ、よりカリカリ感を出します。

材料（3〜4人分）

カリフラワー（小房に分ける）… 小1株（正味250g）
A　マヨネーズ … 大さじ4
　　ゆずこしょう … 大さじ1 1/3
B　パン粉 … 大さじ4
　　オリーブ油 … 大さじ1
　　にんにく（すりおろす）… 少々

作り方

1 カリフラワーは塩少々（分量外）を加えた熱湯で1分ゆで、湯をきる。
2 耐熱皿に1を並べ、混ぜたA、混ぜたBの順にかけ、200℃に温めたオーブンでこんがりするまで15分焼く。

● Fish & Seafood Risotto

10. かにとクレソンのリゾット
Crab & watercress

かにはむき身を使えば手軽に作れ、彩りもきれいに。
クレソンの苦みが、かにの甘みを引き立てます。

材料 （2〜3人分）

米 … 1合（180ml）
かにのむき身（ほぐす）… 150g*
玉ねぎ（みじん切り）… 1/4個
にんにく（みじん切り）… 1かけ
パルメザンチーズ（すりおろす）… 30g
白ワイン … 1/4カップ
生クリーム … 大さじ2
湯 … 3カップ
ローリエ … 1枚
塩 … 小さじ1/3
オリーブ油 … 大さじ1
クレソン（根元を切り、ざく切り）… 1束
*かに缶でもOK

作り方

1. フライパンにオリーブ油、玉ねぎ、にんにくを入れて中火にかけ、玉ねぎが透き通ったら米を加えてさっと炒め、塩をふる。
2. 白ワインを加えて煮立たせ、湯2カップ、ローリエを加えて中火で煮、汁けがなくなったら残りの湯、かにを加えて煮る。
3. 生クリーム、チーズを加えて混ぜ、塩（分量外）で味を調え、器に盛ってクレソンをのせる。

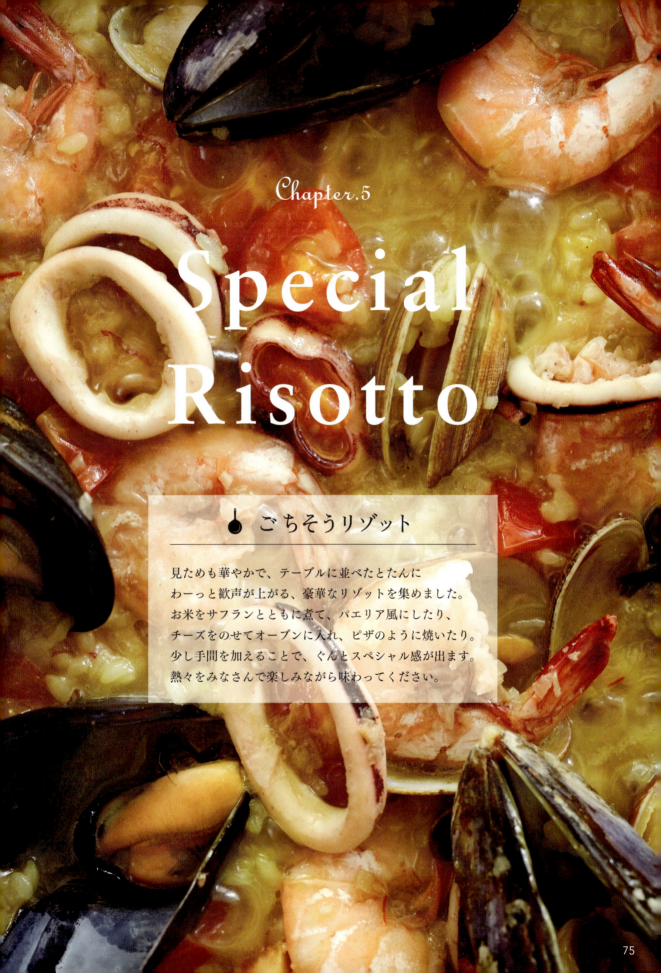

Chapter.5

Special Risotto

ごちそうリゾット

見ためも華やかで、テーブルに並べたとたんに
わーっと歓声が上がる、豪華なリゾットを集めました。
お米をサフランとともに煮て、パエリア風にしたり、
チーズをのせてオーブンに入れ、ピザのように焼いたり。
少し手間を加えることで、ぐんとスペシャル感が出ます。
熱々をみなさんで楽しみながら味わってください。

1. グリーン野菜のリゾット
Green vegetables

緑の野菜がたっぷりで、サラダのようなリゾット。
バターやチーズのかわりに、アボカドを加えることで、
クリーミーなコクをプラスしました。
チーズがどっさり入ったバジルペーストをかけて。
ペーストが残ったら、ゆでたじゃがいもと合わせても。
⇒作り方は82ページ

2. 鶏肉と白いんげん豆のリゾット
Chicken & white kidney bean

鶏肉は骨つきを使うと、だしが出て、見ためも華やかに。
白いんげん豆は、乾燥豆を選ぶのがコツ。
甘みが溶け出したゆで汁がおいしく、
それをスープとして使うのがポイントです。
これにサラダがあれば、立派な献立になります。
⇒作り方は82ページ

3. 豚肉とあさりのリゾット
Pork & clam

豚肉とあさりは、ポルトガル料理にヒントを得た組み合わせ。
豚肉はナンプラーで下味をつけ、エスニック風にしましたが、
苦手な方は、しょうゆで代用してもいいですね。
豚肉は、脂がのっている肩ロースがおすすめ。
最後にたっぷりの香菜をのせ、すだちかレモンを絞ってどうぞ。
⇒作り方は83ページ

4. 夏野菜とドライトマトのリゾット
Summer vegetables & sun-dried tomato

かぼちゃの黄色、ズッキーニの緑、プチトマトの赤。
カラフルな夏野菜をぎゅっと詰め込んだ、
あっさりと食べられるひと皿です。
ドライトマトの塩けとうまみが、味のアクセントに。
仕上げにチーズを多めにかけると、コクが出ます。
⇒作り方は83ページ

5. なすとトマトのピザ風リゾット
Eggplant & tomato pizza

こんがり焼けたチーズの香ばしさと、
ドリア風のごはんを一緒に味わえるリゾットです。
なすとトマトは、多めの油で炒めてしんなりさせると、
焼いた時にチーズやごはんと一体感が出ます。
サラミのほか、ソーセージやベーコンで作ってもおいしい。
⇒作り方は84ページ

6. パエリア風リゾット
Paella

魚介のうまみをぎゅっととじ込めた、ごちそうごはん。
サフランで色と香りを添えた、スペシャルなひと皿です。
貝が1種類でも入ると、ぐっと味わい深く。
最後にオリーブ油を回しかけて強火で焼きつければ、
底におこげができて、これも絶品です。
⇒作り方は85ページ

● Special Risotto

1. グリーン野菜のリゾット
Green vegetables

材料 （3〜4人分）

米 … 1合（180ml）
ブロッコリー（小房に分ける）… 1株
ズッキーニ（1cm角に切る）… 1本
アボカド（1.5cm角に切る）… 小1個
玉ねぎ（みじん切り）… ¼個
にんにく（みじん切り）… 1かけ
白ワイン … ¼カップ
スープ（固形スープの素½個＋湯）… 3カップ
塩 … 小さじ⅓
オリーブ油 … 大さじ1

【バジルペースト】
バジルの葉 … 大6枚
パルメザンチーズ（すりおろす）… 大さじ2
松の実 … 大さじ1
塩 … 小さじ⅓
オリーブ油 … ¼カップ

作り方

1 フライパンにオリーブ油、玉ねぎ、にんにくを入れて中火にかけ、玉ねぎが透き通ったら米を加えてさっと炒め、塩をふる。ブロッコリー、ズッキーニを加え、ざっと混ぜる。

2 白ワインを加えて煮立たせ、スープ2カップを加えて中火で煮、汁けがなくなったら残りのスープを加えて煮る。

3 アボカドを加えて混ぜ、塩（分量外）で味を調える。材料すべてをミキサーにかけたバジルペーストを添える。

2. 鶏肉と白いんげん豆のリゾット
Chicken & white kidney bean

材料 （3〜4人分）

米 … 1合（180ml）
鶏もも骨つき肉（ぶつ切り）… 大1本（250g）
白いんげん豆（乾燥）… 60g*
玉ねぎ（みじん切り）… ¼個
にんにく（みじん切り）… 1かけ
A ｜ パルメザンチーズ（すりおろす）… 30g
　｜ 生クリーム … 大さじ2
白ワイン … ¼カップ
湯 … 2カップ
セージ（生）… 1本
塩 … 小さじ⅓
オリーブ油 … 大さじ1
黒こしょう … 少々
＊水煮なら160gを用意し、湯を3カップにして

作り方

1 豆は水にひと晩つけ、水3カップとともに鍋に入れて火にかけ、煮立ったら弱めの中火で30分ゆでる（ゆで汁はとっておく）。

2 フライパンにオリーブ油少々（分量外）、にんにくを入れて中火にかけ、香りが出たら塩小さじ⅓（分量外）をまぶして水けをふいた鶏肉を皮目から入れ、全体がこんがりしたら取り出す。続けてオリーブ油、玉ねぎを入れて中火で炒め、透き通ったら米を加えてさっと炒め、塩をふる。

3 鶏肉を戻し、白ワインを加えて煮立たせ、湯、セージを加えて中火で煮る。汁けがなくなったら1、ゆで汁1カップを加えて煮る。

4 Aを加えて混ぜ、塩（分量外）で味を調え、器に盛って黒こしょうをふる。

3. 豚肉とあさりのリゾット
Pork & clam

材料 （3〜4人分）

- 米 … 1合（180ml）
- 雑穀ミックス … 1袋（30g）
- 豚肩ロースかたまり肉 … 200g
- ナンプラー … 小さじ1
- あさり（砂出しする）… 小1パック（150g）*
- にんにく（つぶす）… 1かけ
- 赤唐辛子（小口切り）… 1本
- 白ワイン … 1/4カップ
- 湯 … 3 1/4カップ
- 塩 … 小さじ1/3
- オリーブ油 … 大さじ1
- 香菜（ざく切り）、黒こしょう … 各適量
- すだち（横半分に切る）… 1個

＊砂出しのしかたは、67ページ参照

作り方

1. フライパンにオリーブ油、にんにくを入れて中火にかけ、香りが出たらにんにくを取り出す。続けて2cm角に切ってナンプラーをからめた豚肉を入れて中火で炒め、全体がこんがりしたらあさり、白ワイン、赤唐辛子を加えてふたをし、口が開いたらあさりを取り出す。米、雑穀ミックスを加えてさっと炒め、塩をふる。
2. にんにくを戻し、湯2 1/4カップを加えて中火で煮、汁けがなくなったら残りの湯を加え、あさりを戻して煮る。
3. 塩（分量外）で味を調え、器に盛って香菜、黒こしょうをふり、すだちを添えて絞る。

＊最後に強火にし、底をカリカリに焼いてもおいしい

4. 夏野菜とドライトマトのリゾット
Summer vegetables & sun-dried tomato

材料 （3〜4人分）

- 米 … 1合（180ml）
- A
  - かぼちゃ（皮をところどころむき、1.5cm角に切る）… 1/8個（150g）
  - ズッキーニ（1.5cm角に切る）… 1本
  - プチトマト（縦半分に切る）… 8個
- 玉ねぎ（みじん切り）… 1/4個
- にんにく（みじん切り）… 1かけ
- ドライトマト（かたければ湯1/4カップで戻し、粗みじん切り）… 2枚
- 白ワイン … 1/4カップ
- 湯 … 3カップ
- タイム（生・またはオレガノ）… 2本
- 塩 … 小さじ1/2
- オリーブ油 … 大さじ1
- パルメザンチーズ（すりおろす）… 30g

作り方

1. フライパンにオリーブ油、玉ねぎ、にんにくを入れて中火にかけ、玉ねぎが透き通ったらAを加えて弱火で炒め、しんなりしたら取り出す。続けてオリーブ油少々（分量外）、米を入れて中火でさっと炒め、塩をふる。
2. 白ワインを加えて煮立たせ、ドライトマト（汁ごと）、湯2カップ、タイムを加えて中火で煮、汁けがなくなったら残りの湯を加え、Aを戻して煮る。
3. 塩（分量外）で味を調え、器に盛ってタイムをちぎって散らし、チーズをたっぷりふる。

◆ Special Risotto

5. なすとトマトのピザ風リゾット
Eggplant & tomato pizza

材料（3～4人分）

米 … 1合（180ml）
なす（斜め1cm幅に切り、塩水にさらす）… 3～4本
トマト（1cm幅の半月切り）… 大1個
玉ねぎ（みじん切り）… ¼個
にんにく（みじん切り）… 1かけ
サラミ … 大6枚
ピザ用チーズ … 1カップ（80g）
白ワイン … ¼カップ
湯 … 3カップ
塩 … 小さじ⅓
オリーブ油 … 大さじ4
黒こしょう … 少々
バジルの葉（ちぎる）… 2枚

作り方

1. フライパンにオリーブ油を熱し、水けをふいたなすを中火でしんなりするまで焼いて取り出し、トマトを加えてさっと焼いて取り出す。続けてオリーブ油少々（分量外）、玉ねぎ、にんにくを入れて中火にかけ、玉ねぎが透き通ったら米を加えてさっと炒め、塩をふる。
2. 白ワインを加えて煮立たせ、湯2カップを加えて中火で煮、汁けがなくなったらなすをのせ、残りの湯を加えて煮る。
3. 塩（分量外）で味を調え、耐熱皿に移してトマト、サラミの順にのせ、チーズ、黒こしょうをふる。200℃に温めたオーブンでこんがりするまで10分焼き、バジルを散らす。

Point

フライパンに多めのオリーブ油を熱し、なすの両面を中火でしんなりするまで焼いて取り出す。続けてトマトを入れ、汁けをとばすようにさっと焼いて取り出す。

耐熱皿にリゾットを移したら、ピザ用チーズを全体にかけ、黒こしょうをふってオーブンで焼く。チーズが溶けてこんがりすれば、でき上がり。

6. パエリア風リゾット
Paella

材料 （3～4人分）

米 … 1合（180ml）

A
- いか（するめいかなど）… 小1ぱい（160g）
- 殻つきえび（ブラックタイガーなど）… 6尾（90g）
- あさり（砂出しする）… 6個*
- ムール貝 … 5個

セロリ（みじん切り）… ½本
玉ねぎ（みじん切り）… ¼個
にんにく（みじん切り）… 1かけ
プチトマト（縦4等分に切る）… 4個
サフラン（水¼カップに5分つけて戻す）… 小さじ¼
白ワイン … ½カップ
湯 … 2¾カップ
塩 … 小さじ½
オリーブ油 … 大さじ1
レモン … 薄切り3枚
イタリアンパセリ（ざく切り）… 適量

*砂出しのしかたは、67ページ参照

作り方

1. いかは足を引き抜いてワタ、軟骨を除き、胴は1cm幅に切る（68ページ参照・足は他の料理に使って）。えびは殻に切り目を入れ、背ワタを除く。
2. フライパンにオリーブ油、セロリ、玉ねぎ、にんにくを入れて中火にかけ、玉ねぎが透き通ったらAを加えて色が変わるまで炒める。白ワインを加えてふたをし、貝の口が開いたらAを取り出す。続けてオリーブ油大さじ1（分量外）、米を入れて中火でさっと炒め、塩をふる。
3. 湯2カップを加えて中火で煮、汁けがなくなったらプチトマト、サフラン（汁ごと）、残りの湯を加え、Aを戻して煮る。
4. 塩（分量外）で味を調え、器に盛ってレモン、イタリアンパセリを散らす。

Point

魚介をさっと炒め、いかとえびの色が変わったら、白ワインを加えてふたをして蒸し煮にする。あさりとムール貝の口がすべて開いたら、いったん取り出す。

湯2カップを加えて煮、汁けがなくなったら、プチトマト、サフラン（汁ごと）、湯¾カップを加え、魚介をすべて戻し入れる。

【サフラン】パエリアなどに使われるスパイス。必ず水で戻し、汁ごと使う。少量で料理が鮮やかな黄色に染まり、魚介などの生臭さを消す効果も。長く煮ると色があせるので注意。

アボカドとトマトの
ヨーグルトあえ

7. 牛すね肉のミラノ風リゾット
Milanese

牛すね肉をことこと煮込んだ濃厚なスープで、
サフランとともにぜいたくに煮上げたひと皿。
味つけは、バターとチーズで北イタリア風に。
アボカドとトマトがたっぷり入ったサラダは、
ライムの酸味にタバスコのピリッですっきりと。

♠ Special Risotto

牛すね肉のミラノ風リゾット
Milanese

材料 (3〜4人分)

米 … 1合(180ml)
牛すねかたまり肉(4cm角に切る)… 300g*
A ┃ 塩 … 小さじ½
　 ┃ 黒こしょう … 少々
B ┃ にんにく(つぶす) … 1かけ
　 ┃ ローリエ … 1枚
玉ねぎ(みじん切り) … ¼個
セロリ(みじん切り) … ⅓本
にんにく(みじん切り) … 1かけ
サフラン(水¼カップに5分つけて戻す)
　 … 小さじ¼
パルメザンチーズ(すりおろす) … 30g
白ワイン … ¼カップ
ローリエ … 1枚
塩 … 小さじ⅓
バター … 20g
黒こしょう … 少々
*シチューやカレー用の切ったものでもOK

作り方

1. 牛肉はAをもみ込み、水4カップ、Bとともに鍋に入れて中火にかけ、煮立ったらアクをとり、弱火でふたをして1時間煮る。肉はひと口大に切り、煮汁はとっておく。
2. フライパンにバターの半量、玉ねぎ、セロリ、にんにくを入れて中火にかけ、玉ねぎが透き通ったら米を加えて炒め、塩をふる。
3. 白ワインを加えて煮立たせ、牛肉、煮汁2カップ、ローリエを加えて中火で煮、汁けがなくなったらサフラン(汁ごと)、煮汁¾カップを加えて煮る。
4. チーズ、残りのバターを混ぜ、塩(分量外)で味を調え、器に盛って黒こしょうをふる。

Point
牛すね肉は4cm角に切り、水4カップ、にんにく、ローリエを加えて中火にかけ、煮立ったら弱火でふたをしてやわらかくなるまで1時間ほど煮る。煮汁はスープに使うので、とっておく。

アボカドとトマトのヨーグルトあえ
Side dish

ライムとタバスコをきかせた、メキシコ風サラダ。
香菜(シャンツァイ)のかわりに、好みでバジルでも。

材料 (3〜4人分)

アボカド(大きめのひと口大に切る) … 1個
トマト(ひと口大に切る) … 2個
A ┃ プレーンヨーグルト、オリーブ油
　 ┃ 　 … 各大さじ1
　 ┃ ライムの絞り汁(またはレモン汁) … 小さじ1
　 ┃ 塩 … 小さじ¼
　 ┃ タバスコ … 少々
香菜(シャンツァイ)(ざく切り) … 1株

作り方

1. ボウルにAを入れて混ぜ、アボカド、トマトを加えてあえる。器に盛って香菜をのせ、ライム(分量外)を添えて絞る。

若山曜子（わかやま ようこ）

料理研究家。東京外国語大学フランス語学科卒業後、パリへ留学。ル・コルドン・ブルー、エコール・フェランディを経て、パティシエ、グラシエ、ショコラティエ、コンフィズールのフランス国家資格（CAP）を取得。パリのパティスリーなどで経験を積み、帰国後はカフェのメニュー監修、雑誌や書籍、テレビでのレシピ提案などで活躍。自宅で少人数制のお菓子と料理の教室を主宰。著書に『フライパンパスタ』『フライパン煮込み』『フライパン煮込み2』『丸型で焼くからおいしいパウンドケーキ』『作っておける前菜、ほうっておけるメイン』『バターで作る／オイルで作る クッキーと型なしタルトの本』『バターで作る／オイルで作る スコーンとビスケットの本』『バターで作る／オイルで作る マフィンとカップケーキの本』（すべて小社刊）など多数。http://tavechao.com/

デザイン　福間優子
撮影　福尾美雪
スタイリング　池水陽子
調理アシスタント　尾崎史江、細井美波、池田愛美

取材　中山み登り
校閲　滄流社
編集　足立昭子

 フライパンリゾット

著　者　若山曜子
編集人　足立昭子
発行人　倉次辰男
発行所　株式会社 主婦と生活社
　　　　〒104-8357　東京都中央区京橋3-5-7
　　　　Tel.03-3563-5321（編集部）
　　　　Tel.03-3563-5121（販売部）
　　　　Tel.03-3563-5125（生産部）
　　　　https://www.shufu.co.jp/
印刷所　凸版印刷株式会社
製本所　株式会社若林製本工場
ISBN978-4-391-15079-7

落丁・乱丁の場合はお取り替えいたします。お買い求めの書店か、小社生産部までお申し出ください。
Ⓡ本書を無断で複写複製（電子化を含む）することは、著作権法上の例外を除き、禁じられています。本書をコピーされる場合は、事前に日本複製権センター（JRRC）の許諾を受けてください。
また、本書を代行業者等の第三者に依頼してスキャンやデジタル化をすることは、たとえ個人や家庭内の利用であっても一切認められておりません。
JRRC（https://jrrc.or.jp）
Eメール：jrrc_info@jrrc.or.jp　Tel：03-6809-1281

©YOKO WAKAYAMA 2017 Printed in Japan

お送りいただいた個人情報は、今後の編集企画の参考としてのみ使用し、他の目的には使用いたしません。詳しくは当社のプライバシーポリシー（https://www.shufu.co.jp/privacy/）をご覧ください。